Os vikings na América do Norte: a história e o legado dos assentamentos nórdicos na Groenlândia e em Vinland

Por Charles River Editors

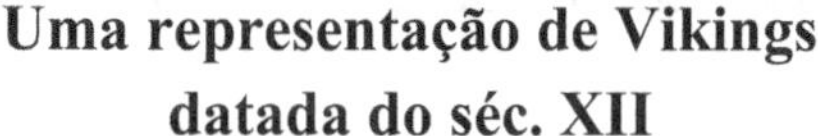

Uma representação de Vikings
datada do séc. XII

Sobre a Charles River Editors

A **Charles River Editors** é uma editora especializada em publicação digital, dedicando-se sobretudo à divulgação tematicamente abrangente de livros de História didáticos e fascinantes. Mantenha-se a par das nossas ofertas mais recentes, inscrevendo-se, em 5 segundos, na nossa lista de endereços eletrónicos, e visite a Nossa Página de Autor Kindle para consultar publicações novas.

Elaboramos estas obras especialmente para si e estamos sempre disponíveis para ouvir as suas opiniões, por isso encorajamos o leitor a partilhar os seus pensamentos e a aguardar com expectativa a publicação semanal de títulos entusiasmantes.

Introdução

Guests from Overseas[1]
(Nikolai Roerich, 1901)

Os Vikings

Ao longo dos séculos, o Ocidente tem-se deixado maravilhar pelos Vikings, uma das mais misteriosas e interessantes civilizações europeias. Além de a sua cultura ser encarada como consideravelmente singular no âmbito europeu, os factos conhecidos e os factos desconhecidos acerca das façanhas dos Vikings permeiam a narrativa histórica de uma aura de fascínio. Seriam ferozes e temíveis guerreiros? Terão sido os primeiros Europeus a pisarem a América do Norte? Segundo parece, alguns dos relatos são factuais, embora outros sejam apenas lendários.

O termo *Viking*, frequentemente utilizado para designar os povos invasores e mercantis oriundos da Escandinávia, poderá provir de "Viken" (nome histórico da região em torno do Fiorde de Oslo), ou talvez derive do Nórdico Antigo, nomeadamente das palavras *"vikingr"* (guerreiro do mar) ou *"viking"* (expedição marítima). À época, os habitantes do Norte eram conhecidos como Nórdicos ou Dinamarqueses na Europa ocidental; como Dinamarqueses ou Pagãos em Inglaterra; e, na Irlanda, como *"Finngaill"* se provenientes da Noruega, ou como *"Dubgaill"* se provenientes da Dinamarca. A oriente, na Rússia e no Império Bizantino, os Escandinavos denominavam-se *"Vaeringar"* ou *"Varyags"* (Varangianos) ou *"Rus'"*, derivando

---

[1] Literalmente: *Visitantes de Além-Mar.*

Título original em Russo: *Заморские гости* [Zamorskiye gosti] (N. do T.)

provavelmente este último termo do nome "Roslagen", correspondente às áreas costeiras da província da Uplândia, na Suécia.

Tal como sucede com inúmeras civilizações de milénios idos, a cultura popular recorda os Vikings mais pelas narrativas fantásticas do seu passado do que propriamente pelos factos. Os registos escritos da história do período viking, compostos sobretudo pelas sagas nórdicas, por poemas escritos por *skálds*[2] e por crónicas monásticas, foram criados bem depois dos eventos descritos e costumavam ser descrições expressivas e hiperbólicas. Além disso, as referências mais incisivas a respeito dos raides vikings estão incluídas nas narrativas das comunidades monásticas, frequentemente vergastadas pela rapacidade dos Nórdicos. Estas crónicas aludem aos saques de tesouros monásticos perpetrados pelos Vikings e à ferocidade com que torturavam e chacinavam monges cristãos. A vividez e a sanguinolência das narrativas fundavam-se por certo na realidade, porém eram propositadamente inflamadas para efeitos dramáticos. Semelhantemente, as sagas nórdicas elaboradas após a Era Viking documentaram o que, até então, fora unicamente uma flexível tradição oral. Eram frequentemente enviesadas para efeitos de legitimação da autoridade de um líder ou clã, enfatizando a bravura e as habilidades de rapina evidenciadas por antepassados.

Como resultado, a quase universal descrição dos Vikings como gigantes peludos, embrutecidos, e munidos de capacetes com chifres, que impunemente pilhavam as povoações da Europa Setentrional, é baseada numa miríade de relatos históricos preconceituosos, elaborados por aqueles que experimentavam em primeira mão os efeitos dos seus saques e incursões; e a conceção popular dos Vikings deve bastante à imaginação romantizada de artistas e escritores. Por exemplo, não existe evidência histórica ou arqueológica que corrobore que o comum Nórdico, ruivo e sardento, se digladiasse usando um capacete de metal ornado de cornos. Este utensílio foi idealizado por Johan August Malmström (1829-1901), pintor e ilustrador sueco, e o seu trabalho disseminou-se de tal modo em livros populares, que a imagem se celebrizou. Hoje, o imaginário elmo viking é um acessório praticamente obrigatório em produções de *Der Ring des Nibelungen*[3], de Wagner, um ciclo de óperas que não é, de todo, acerca dos Vikings. O elmo chifrudo será uma reinterpretação efabulada com base em genuínas imagens de um capacete alado que poderá ter sido usado por sacerdotes em cerimónias religiosas dos Vikings.

No entanto, a reputação dos Vikings a respeito de ataques ferozes perpetrados por mar, ao longo das costas da Europa Setentrional, não é, de modo algum, exagerada. É verdade que os Nórdicos, investidos em atividades comerciais por todo o continente europeu, incrementavam os lucros obtidos através das suas demandas náuticas por meio de pilhagens, das quais resultavam a aquisição de escravos e metais preciosos. Obviamente, os Vikings não eram os únicos a enveredar por esta forma de enriquecimento – entre os séculos VIII e XI, as tribos, os clãs, os

---

[2] Poetas que integravam as cortes escandinavas e elaboravam composições encomiásticas e épicas. (N. do T.)

[3] *O Anel do Nibelungo.* (N. do T.)

reinos e as comunidades monásticas da Europa prestavam-se comummente ao combate mútuo tendo em vista a aquisição de saques. Os Vikings eram unicamente mais consistentes nas suas conquistas por comparação com os seus contemporâneos, tornando-se consequentemente um símbolo da iniquidade dos tempos.

Ademais, os Nórdicos foram os maiores exploradores da Europa medieval, atravessando o Atlântico Norte e estabelecendo-se na Islândia, na Gronelândia e, inclusivamente, na América do Norte. O primeiro passo desta épica jornada foi dado na Islândia, uma ilha de superfície acidentada e situada no Atlântico Norte, a cerca de 400 milhas[4] das Ilhas Faroé e aproximadamente a 700 milhas da costa setentrional da Escócia. A Islândia tem sido convenientemente chamada de "terra do gelo e do fogo". Fiordes sinuosos conduzem até glaciares sobranceiros. A espaços, géiseres e fontes termais oferecem vivacidade a pradarias verdes e a trechos de rocha matriz exposta e estéril. Vulcões ativos elevam-se sobre a paisagem, expelindo colunas de fumo e, por vezes, correntes de lava a grandes distâncias. É um território que, por certo, terá capturado a imaginação de um povo intrépido e gentio que via espíritos em todos os riachos e colinas.

A Islândia era uma região que poderia igualmente atraí-los por questões mais práticas. Embora o interior fosse agreste e permaneça largamente desabitado, as localidades mais próximas da linha costeira possuem erva viçosa e terrenos suscetíveis de serem cultivados. Existiam inclusivamente bosques de bétulas, que prontamente tombaram ante os machados dos primeiros colonos. Com frequência se achava madeira à deriva nas praias. À data, as focas e as baleias abundavam, providenciando carne, gordura e óleo. Sem dúvida, a Islândia era uma terra inóspita, mas os Nórdicos eram resilientes e industriosos.

A Islândia foi colonizada pelos Nórdicos, nos finais do século IX, que deram início a uma próspera e ímpar cultura nas orlas do mundo conhecido. Até ter sido tomada pelo Reino da Noruega, em 1262, a ilha careceu de governo central, consistindo ao invés num conjunto de pequenos e grandes domínios tribais que mediavam os seus conflitos com recurso a uma forma incipiente de sistema parlamentar.

Neste lugar de extremos, germinou uma pujante cultura literária. As sagas islandesas, histórias de heroísmo e descobrimentos e disputas familiares, representam um dos mais magníficos exemplos de literatura medieval remanescente, e relatam, em prosa vibrante, as grandes aventuras e dificuldades experimentadas pelos Islandeses, tanto na sua ínsula como em mar alto. Foram igualmente produzidos trabalhos de índole mais erudita, tais como o relevante *Íslendingabók*, "Livro dos Islandeses", composto entre 1122 e 1133 pelo padre Ari Thorgilsson, o Sábio. É uma pequena obra (cerca de 20 páginas escritas à mão), mas que oferece diversos pormenores a respeito da história primordial da Islândia. Thorgilsson recolheu os seus dados a partir de fontes orais, e frequentemente mencionou os autores das respetivas informações, uma

---

[4] 1 milha = 1,609 km (N. do T.)

prática rara na tradição literária medieva. Apresenta um estilo simples e claro e parece aludir aos eventos de um modo preciso e imparcial. Um outro exemplo é o *Landnámabók*, "Livro das Colónias", uma produção mais extensa que, em certa medida, refere a descoberta e a colonização da Islândia. Lista o nome de 435 homens alegadamente envolvidos na primeira vaga de colonização, tendo a maioria dos quais acabado por estabelecer quintas no norte e no sudoeste da ilha. Detalha os seus descendentes e colonos posteriores, nomeando ao todo mais de 3 000 indivíduos e 1 400 herdades e outras colónias, com um pormenor porventura apenas igualado, à época, pelo *Domesday Book*. Este trabalho sobrevive sob a forma de cinco versões ligeiramente distintas, contendo entre 100 a 200 páginas. A mais antiga data do século XIII e é uma cópia de um manuscrito prévio.

As colónias estabelecidas na Gronelândia terão possivelmente sido as mais impressionantes, tendo em conta que a inclemente e inóspita região se encontrava virtualmente desabitada quando inicialmente a alcançaram. A Gronelândia é colossal, prolongando-se por quase 840 000 milhas quadradas (perto de 2,2 milhões de quilómetros quadrados). O interior é composto de montanhas e glaciares inabitáveis, mas a periferia é recortada por inúmeros fiordes que abrigam os habitantes de alguns dos ventos mais cruéis. Os fiordes situados na parte oeste, e sobretudo sudoeste, da ilha são temperados por correntes oceânicas relativamente mais quentes, albergando grama e uma variedade de fauna. Não obstante, os invernos são rudes mesmo nas latitudes mais sulistas, e, durante grande parte do ano, o gelo bloqueia os acessos às regiões mais nortenhas.

Remota e sujeita a longos invernos, durante os quais o gelo à deriva a separa do resto do mundo, a Gronelândia não seria o local por excelência para o estabelecimento de colónias. Na verdade, a Gronelândia foi somente circum-navegada pela primeira vez nos começos do século XX, e muitos dos seus pontos mais ermos permaneceram por mapear até recentemente. Todavia, os Nórdicos lograram habitar os lugares mais afastados da ilha durante cerca de 450 anos, o que permitiu à Gronelândia sustentar laços de proximidade com a Europa.

Os vikings na América do Norte: a história e o legado dos assentamentos nórdicos na Groenlândia e em Vinland

Fontes Históricas

A menção da palavra *"Viking"* traz à mente uma imagem nítida. Embora a Era Viking tenha decorrido há vários séculos, a cultura viking subsiste no imaginário coletivo, assim como na arte, na música e no cinema contemporâneos. Ao redor do mundo, associa-se frequentemente o termo *"Viking"* a guerreiros altos, espadaúdos e musculosos, de barba e cabelo compridos, com um machado numa mão e um tradicional escudo redondo de madeira na outra. Repousando sobre a cabeça o incontornável capacete com chifres.

Esta imagem dos Vikings pode ser encontrada em narrativas e em retratos produzidos mais de um milénio após a sua real existência. Um pormenor que parece ser amiúde negligenciado é o de eles nunca terem usado elmos com cornos. Em escavações arqueológicas, foi achado um único capacete do género referente ao período em questão. Muito provavelmente, os Vikings combatiam sem qualquer tipo de proteção craniana. Além disso, os Vikings são comummente associados a atos como incursões, pilhagens, estupros, assim como a práticas violentas e abominavelmente cruéis, tais como a "águia de sangue" ou o consumo de vinho e hidromel a partir de caveiras humanas. Mais uma vez, estas imagens derivam de traduções equívocas, de exageros, e de fontes escritas muito posteriormente por autores questionáveis; em rigor, os Vikings eram maioritariamente camponeses e comerciantes, e a sua cultura estimava grandemente as mulheres.

O trecho temporal denominado por "Era Viking" teve lugar, mais ou menos, entre 750 e 1050 A.D.[5], pelo que não existem muitas fontes sobreviventes disponíveis que possam esclarecer a nossa conceção a respeito do Vikings. As narrativas escritas e os manuscritos contemporâneos misturam mito e realidade. Embora muitas das personagens tenham por certo existido, é com dificuldade que os historiadores conseguem destrinçar entre factos e ficção relativamente a eventos sucedidos durante a Era Viking. Ao consultar fontes medievais escritas, é assaz importante prestar atenção aos relatos de testemunhas e ler nas entrelinhas. Aquilo que se oculta, ou aquilo que se sugere de um modo intrincado ou insinuante, tende a desempenhar um papel preponderante na revelação da verdade subjacente a determinadas narrativas.

Além do mais, várias sagas encontram-se elaboradas num estilo poético livre, sem qualquer tipo de ordem gramatical predefinida. Como consequência, o ramo da pesquisa histórica compõe-se de uma multiplicidade de académicos cujas interpretações dos textos são radicalmente distintas. É a este nível que dois importantes fatores podem contribuir para desvendar o mistério da natureza dos Vikings. Em primeiro lugar, é necessário empreender uma pesquisa interdisciplinar com vista a providenciar uma descrição holística da cultura viking, com recurso à História, à Arqueologia, à Literatura, à Linguística, à Numismática, à Zoologia, à Botânica, à Geologia, e a muitas outras disciplinas. Contemplando os Vikings sob estes inúmeros prismas, torna-se mais simples definir uma *"cultura viking"*, perceber por que razão os Vikings

---

[5] *Anno Domini* (Ano do Senhor). Equivalente à expressão "depois de Cristo". (N. do T.)

se distinguiam tão consideravelmente de outras tribos, e por que motivo tiveram um impacto tão acentuado na Europa durante a Alta Idade Média, estabelecendo uma influência ainda hoje constatável. O segundo fator de revelo a ter em atenção, sobretudo no que concerne a achados arqueológicos, é o seguinte: nem todos os vestígios sobreviventes de uma dada época definem essa mesma época. Os acessórios e ferramentas – nomeadamente espadas, machados, e armas diversas – confecionados a partir de materiais mais resistentes necessitavam, obviamente, de ser mais duradouros do que inúmeros objetos domésticos. O que, por si só, não significa que os Vikings fossem mais violentos e belicosos do que outras civilizações contemporâneas, nem tampouco indicia que não se dedicassem a atividades mais pacíficas. Tal implica, unicamente, que as suas armas eram feitas de aço por forma a que pudessem subsistir por mil anos, mesmo soterradas no fundo de um rio.

A Idade Média foi um foco de conflitos, guerras, e variadas formas de violência no continente europeu, e convém sublinhar que os Vikings não foram os únicos a saquear camponeses indefesos. Ao estudar as fontes escritas, cumpre ter em atenção que a generalidade dos materiais remanescentes foi escrita pelas vítimas das agressões vikings, sobretudo pela mão de monges, padres e académicos. Estas fontes são altamente enviesadas, deixando de parte os pormenores relativos à súbita chegada dos visitantes. Nesse sentido, os autores limitavam-se a referir, por hipótese, o massacre de um bispo às mãos dos Vikings, não explicitando se fora morto num conflito iniciado pelo próprio ou pelo seu respetivo monarca, ou se ao invés fora chacinado enquanto rezava sossegadamente. O leitor é levado a crer que o benévolo bispo terá sido agredido enquanto ministrava um sacramento, o que contribui para enaltecer a imagem feroz dos Vikings e para exagerar a diferença entre os selvagens Pagãos e os devotos Cristãos. A religião assumiu um papel determinante nas disputas entre os reinos europeus do Ocidente e do Norte.

Ademais, ao lidar com fontes contemporâneas, é prudente atentar na lealdade que os escritores consagravam aos seus reis. Carlos Magno, por exemplo, é tradicionalmente assumido como o pai da Europa moderna, tendo unido territórios extensos e tribos distintas sob um único governo e uma única fé. As crueldades que perpetrou ao longo da sua demanda são raramente mencionadas, e com frequência se olvida o seu massacre de Saxões, que em tudo se assemelhou a uma tentativa de genocídio.

A imagem de Carlos Magno foi construída pelos seus súbditos, que o declararam um monarca grandioso e justo, escolhido por Deus para unir a Europa. Esta imagem subsiste na cultura popular, do mesmo modo que a imagem dos Vikings como indivíduos barbudos, sanguinolentos e ornados de elmos chifrudos que, em rigor, nunca usaram. Estas duas conceções foram originalmente formuladas por testemunhas inexatas, as quais não aludiram ao facto de os Vikings terem sido, antes de mais, comerciantes e camponeses, ao invés de guerreiros. A ideia de um Norte bárbaro deixou de ser válida, tendo sido edificada sobre a noção de que a cultura Europeia Cristã era superior ao hedonismo Escandinavo.

Ao estudar a Era Viking ou ao ler material elaborado a esse respeito, é ainda importante recordar que, na sua maioria, a informação se reporta às classes dominantes, cujas atividades e façanhas foram registadas. As classes subalternas não tinham forma de legar as suas histórias às gerações futuras, mas é razoável assumir que os habitantes do interior setentrional e meridional da Escandinávia vivessem de modo absolutamente diferente por comparação com os habitantes de empórios como Hedeby ou Birka. Além disso, são mais numerosas as fontes estrangeiras do que as existentes na Escandinávia, pelo que o esclarecimento de eventos ocorridos na Noruega, na Dinamarca ou na Suécia se encontra reduzido a um único punhado de documentos escritos fidedignos. Os poemas dos *skalds*, escritos entre 1200-1400, consistem precisamente num rol de narrativas preservadas por contistas e poetas errantes. O principal autor e copista destes poemas foi um *skald* Islandês, Snorri Sturluson, e o seu trabalho, *Heimskringla*, é uma das mais importantes compilações literárias sobre a Era Viking. O autor propõe a autenticidade dos poemas, afirmando que a sua disposição não admite modificações ou distorções. A severidade das regras alusivas à métrica poética não deixa espaço para improvisos nem tampouco para a adição de dados falsos relativamente à realidade que retratam. Desde que seja interpretado com sensibilidade, o *Heimskringla* será, segundo Sturluson, o mais rigoroso testemunho da Era Viking, não obstante ter sido elaborado cerca de 200 anos mais tarde.

Existe um punhado mais de restantes coleções de textos alusivos ao dia-a-dia na Escandinávia, embora contenham erros, mitos, melhoramentos estilísticos e equívocos cronológicos. O erudito dinamarquês, Saxão Gramático, e o seu colega alemão, Adão de Bremen, conceberam duas das mais vívidas e extensas descrições da população da Escandinávia durante a Era Viking, valiosas na explicação do impacto da expansão dos Vikings ao longo da Europa. As fontes dispersas - sagas, runas, achados arqueológicos, testemunhos estrangeiros, leis e códigos – configuram, em conjunto, uma ideia de como terá sido o quotidiano dos Escandinavos ao longo da Era Viking. Uma vez que a cultura nórdica não era propriamente letrada, as fontes sobreviventes do período em causa são escassas, sendo impossível saber quais as crenças ou pensamento íntimos dos comuns Escandinavos durante a Era Viking. Os únicos indícios que possuímos resumem-se a pedras rúnicas e inscrições, frequentemente elaboradas em memória de familiares.

Fotografia, da autoria de Berig,
de uma pedra rúnica situada na Suécia

**Fotografia, da autoria de Roberto Fortuna,
de uma pedra rúnica do séc. X situada na Dinamarca**

No que concerne aos Vikings propriamente ditos, trocavam mensagens e bilhetes corriqueiros entre si, embora mormente redigidos sobre madeira, razão pela qual se perderam irremediavelmente. Outro problema atinente ao estudo da Era Viking é a evolução da linguagem; o significado de determinadas palavras em Nórdico Antigo poderia oscilar regionalmente, e o seu valor semântico terá seguramente mudado ao longo dos séculos.

Todavia, a Era Viking foi a primeira época escandinava a ser documentada em textos e inscrições. Juntamente com as descobertas arqueológicas de pedras rúnicas, armas, sepulturas e povoações, é pelo menos possível esclarecer alguns aspetos da história dos Vikings da Escandinávia.

A Palavra "Viking"

São desconhecidas as origens linguísticas da palavra "*Viking*" propriamente dita, embora possam, curiosamente, reportar-se tanto ao Inglês Antigo como ao Nórdico Antigo Ocidental. Ambas as línguas contêm vocábulos que, semântica e etimologicamente, podem ser considerados precursores do termo "*Viking*".

No idioma Inglês Antigo, a palavra "*wicing*" manifestou-se durante o século VIII, embora tenha demorado 200 anos até começar a ser usada para referir as gentes do Norte. No idioma Nórdico Ocidental, o termo "*Vikingr*" aludia àqueles (nome) que combatiam no mar, nomeadamente piratas ou marinheiros, ao passo que "*Viking*" se referia à realização (verbo) dessas respetivas atividades. A versão escandinava do termo apareceu originalmente em pedras rúnicas de meados do século X, embora a sua utilização possa ser mais antiga. Posteriormente, o vocábulo foi adotado para efeitos de comemoração de travessias marítimas realizadas por homens, e, em diversas ocasiões, "*Viking*" surge inclusivamente como nome próprio. A literacia chegou tardiamente a estes territórios, por isso os estudiosos não têm certezas quanto aos usos primitivos da palavra. Maioritariamente, era empregada para referir os tumultuosos jovens do sexo masculino que integravam tais expedições, embora por vezes se dissesse de determinados velhos terem sido valorosos "*Vikings*" na sua juventude. Isto sugere que nem todos os habitantes da Escandinávia durante a Era Viking eram "*Vikings*". Nem mesmo os "*Vikings*" permaneciam "*Vikings*" durante a totalidade das suas vidas, sendo apenas mencionados como tal nos registos locais ao integrarem essas viagens. À luz desta definição, os Vikings existiam em número diminuto, e não representavam exatamente o todo da sociedade, embora as suas ações tenham produzido um tão significativo impacto, tanto na Escandinávia como nos territórios até aos quais navegaram, que o período em causa ostenta o seu nome.

Existem sobretudo três teses diferentes a respeito das origens genuínas da palavra, e outras ainda que hoje não possuem lugar de relevo em termos investigativos. A palavra "Viken" é o nome histórico da área em volta do fiorde de Oslo, pelo que, consequentemente, o termo "*Vikingar*" significaria "pessoas que vivem em Viken". "*Vik*" é ainda, em Nórdico Antigo, o vocábulo para baía ou enseada, sendo que, nesse caso, "*Viking*" quereria dizer "pessoas que vivem em baías". Por fim, a palavra "*vik*" deriva do termo báltico "*wic*", o qual, por sua vez, é uma germanização do vocábulo latino "*vicus*", cujo significado é "porto ou local de comércio". De igual modo, a expressão "*wic*" é usada em nomes tais como Ipswich ou Norwich. Se esta for a real origem do termo, então faz sentido que tenha surgido no Inglês Antigo de princípios do século VIII, pois, durante esse período, os Vikings conduziam maioritariamente trocas comerciais em portos estrangeiros, não enveredando ainda por saques ou incursões. Se a palavra derivar de "*wic*", então os "*Wicingas/Vikingar*" seriam os indivíduos que costumavam visitar e efetuar trocas comerciais nesses portos ("*wics*").

Os académicos continuam a debater os primórdios da palavra, embora todos concordem que, durante o apogeu e o ocaso da cultura viking, o termo referia todas as pessoas oriundas do Norte que participavam em guerras e em pilhagens, independentemente das suas nacionalidades ou condições socioeconómicas. Este recurso lato da palavra "*Viking*" não é correto nem eficaz, tendo em conta que os Vikings representavam apenas uma fração populacional minoritária, não obstante o seu impacto generalizado. À palavra "*Viking*" não subjaz qualquer referência a grupos étnicos ou culturais, mas unicamente a agremiações investidas nas práticas supracitadas.

Em geral, outros termos eram mais comummente usados para referir as tribos do Norte durante os séculos VIII e IX. Tais como *"Norraenn"*, *"Norske"* ou *"Nordmenn"*, equivalentes a "Nórdicos" em Português. Em fontes estrangeiras, são denominados por bárbaros, Pagãos, Nórdicos, Dinamarqueses, *Rus*, ou simplesmente por gentes do Norte. Inúmeros autores contemporâneos desconheciam a proveniência exata dos atacantes, e termos como *"Dinamarqueses"* ou *"Rus"* (empregado comummente para referir Suecos que viajavam para Leste) acabavam amalgamados entre si. Fontes posteriores distinguem entre Norugueses, chamados *Finngaill* (estrangeiros claros), e Dinamarqueses, chamados *Dubgaill* (estrangeiros escuros).[6] Em registos do Leste, os Suecos eram tratados por *Rus* ou *Varyag*, encontrando-se o primeiro termo seguramente associado à região de Roslagen, situada no sudeste sueco. *Ruotsi* é a expressão finlandesa para "Suécia", sugerindo igualmente uma ligação a Roslagen. A utilização do termo *Varyag* é devida, entre outros, aos Gregos, como referência aos Nórdicos que integravam a Guarda Varegue, responsável pela defesa pessoal dos Imperadores Bizantinos.

Naturalmente, conforme isto sugere, as múltiplas interações e movimentações dos Vikings ao longo da Europa e da Arábia originaram uma miríade de nomes diversos, o que explica a respetiva variação terminológica. Aqueles que comerciavam com os Vikings encaravam-nos de um modo distinto daqueles que sofriam as suas pilhagens. Obviamente, as práticas culturais prevalecentes nas nações estrangeiras contribuíam para a modelação do comportamento dos Vikings. Em sociedades mais dispostas à colaboração, os contactos eram mais amistosos e os Vikings não eram predominantemente descritos como "bárbaros", "selvagens" ou "pagãos", adjetivos empregados pelos escribas, monges e padres cristãos vitimizados pelos seus ataques. Conforme previamente assumido, o fenómeno viking não foi unilateralmente agressivo, mas complexo e, em variados casos, inclusivamente pacífico. Como tal, por um lado, os imperadores bizantinos utilizavam os Vikings como guarda-costas, ao passo que os soberanos do Sacro Império viam os seus domínios frequentemente assaltados e, por forma a permanecerem a salvo, açulavam as tribos vikings entre si.

A expressão *"Viking"* sumiu da língua inglesa durante mais de 500 anos, embora tenha ressurgido nos primórdios do século XIX, quando se manifestou um renovado interesse nos Nórdicos e na Idade Média. Foi então que o termo se tornou designativo da cultura nórdica que, durante 250 anos, instituiu a denominada Era Viking.

A Colonização da Vinlândia Segundo a *Saga dos Gronelandeses*

O comércio praticado durante a Era Viking é hoje identificado como um decisivo veículo de urbanização, formação de estados nacionais e colonização a vários níveis. Contudo, num primeiro momento de investigação, e no âmbito do comércio internacional, foi sobretudo

---

[6] A tese mais frequentemente aceite é a de que as expressões *"Finngaill"* e *"Dubgaill"* eram utilizadas para distinguir entre as cores dos cabelos ou dos escudos das respetivas fações de Vikings. Uma outra hipótese sustenta que os termos pretendiam, ao invés, designar entre Vikings "novos" e "velhos". (N. do T.)

atribuído aos Vikings o papel de intermediários entre o Sul e o Oriente. Julgava-se que os Vikings adquiriam objetos valiosos no Oriente, transportando-os ao longo dos rios russos em direção ao ocidente e ao leste da Europa, replicando em seguida o empreendimento em sentido oposto.

Esta ideia tem sido reexaminada à luz de pesquisas recentes, uma vez que não oferece explicação para o facto de os habitantes do Norte conseguirem adquirir igualmente para si semelhantes artigos de luxo. É verdade que os Vikings conduziam comércio marítimo e fluvial entre o Ocidente e o Oriente, com recurso a barcos especialmente adaptados a águas rasas, embora esta não tenha sido a sua única atividade negocial.

Na Escandinávia, a vida quotidiana dos Nórdicos modificou-se após a queda do Império Romano, durante o período de Migrações Bárbaras, altura em que, em território europeu, tribos se mantiveram em permanente movimento como resultado de disputas territoriais. Na Escandinávia, as pessoas agregaram-se em grupos de granjas situadas em localidades propícias para a criação de animais. Normalmente, os Vikings subalternos eram camponeses de subsistência que habitavam casas modestas de vime e argamassa e colmo, fatiadas em divisões dedicadas a usos distintos. Cada habitação podia incluir uma cozinha, despensas, salas de estar e um estábulo adjacente para recolhimento de gado.

Os alicerces pertencentes às moradas de maiores dimensões do século IX mostram um notório melhoramento das condições de vida. Os corredores de três casas comunais apresentavam: dois conjuntos de suportes para telhado ao centro; telhados superiores que poderão ter coberto pisos cimeiros; e longas paredes convexas que assemelhavam as habitações a barcos. Naturalmente, as grandes quintas, por comparação com as pequenas, eram dotadas de muitos mais anexos, e os seus edifícios principais eram bem maiores. Curiosamente, para povoações tão dependentes da agricultura, a organização das granjas no interior das aldeias era bastante irregular, mesmo aleatória, existindo searas contíguas a habitações e distantes de pastagens.

Escavações arqueológicas revelaram que o mobiliário doméstico das habitações dos Vikings variava grandemente, segundo parece em conformidade com a riqueza dos seus residentes. As desigualdades económicas acentuaram-se em função da comercialização de excedentes agrícolas e de despojos obtidos pelas tripulações integradas em expedições marítimas. Entre os resquícios de casas vikings, foram descobertos pedaços de tapeçarias, almofadas e coxins, assim como baús passíveis de serem trancados. Os Vikings sentavam-se em tamboretes ou então acocoravam-se, e dormiam em alcovas com plataformas dotadas de peles e tapetes. As famílias vikings mais abastadas eram uma espécie de fidalguia, uma vez que tinham camas e lâmpadas a óleo, e que presumivelmente gozavam do direito de receberem tributos por parte de camponeses menores.

A dieta dos Vikings aparenta ter sido assaz simples. Bebiam cerveja e vinho em abundância e, sem surpresa, comiam bastante carne e peixe, tanto frescos como em conserva. Dada a natureza da agropecuária praticada, consumiam igualmente produtos lácteos e papas de cereais, e o consumo de fruta, bagas e frutos secos era sazonal.

Obviamente, ao discorrer acerca das suas povoações domésticas, convém recordar que a fama dos Vikings foi, e continua a ser, sobretudo devida à sua natureza nómada e conquistadora. O estilo de vida dos Vikings implicava que os homens deixassem frequentemente as suas terras ao cuidado das esposas, ao partirem em viagens marítimas como capitães ou como tripulantes. Além disso, os clãs vikings, sob a liderança de diversos líderes tribais, ter-se-ão digladiado entre si por motivos territoriais devido ao aumento populacional. Eram frequentes os assaltos a comunidades vizinhas, embora os Nórdicos tenham acabado por perceber que a subjugação de territórios estrangeiros se afigurava mais lucrativa. Por via da imposição de tributos, a expansão até territórios não escandinavos garantiu maiores dividendos em termos de impostos, metais preciosos, bens de troca e escravos.

A princípio, os empreendimentos ultramarinos dos Viking consistiam em incursões-relâmpago. Uma embarcação ou frota viking desembarcava perto de uma aldeia, vila ou mosteiro, a respetiva tripulação consumava a pilhagem e arrebatava os habitantes locais como escravos, que eram fácil e lucrativamente vendidos por toda a Europa. Porém, fruto do progresso da tecnologia naval, os saques além-mar foram sendo gradualmente substituídos pela criação de colónias e entrepostos permanentes, os quais gozavam de relativa tranquilidade.

Barco viking, *Vikingskipshuset*[7], Oslo.
Fotografia por Grzegorz Wysocki

---

[7] Literalmente: *Museu das Embarcações Vikings*. (N. do T.)

Tradicionalmente, e com base nas sagas inicialmente escritas após o declínio da Era Viking, sempre se assumiu que os Vikings haviam sido uma civilização marinheira, porém as provas inequívocas a este respeito surgiram com a exumação, nos finais do século XIX, de embarcações enterradas em mamoas. Em 1867, uma escavação no sudeste da Noruega revelou um barco datado, aproximadamente, de 900 A.D., sendo que treze anos depois outro foi desenterrado. Nesta segunda mamoa, aparentemente consagrada a um homem que fora assassinado, foi possível recolher uma gigantesca coleção de animais e objetos. Em conjunto com o homem estavam uma embarcação, uma dúzia de cavalos, seis cães, um pavão, cinco camas, três pequenos barcos e escudos, e ainda outros utensílios que aparentemente haviam sido essenciais durante a vida do defunto.

Em 1904, uma descoberta ainda mais espetacular foi realizada numa mamoa em Slagen, na Noruega, onde o *Barco de Oseberg* foi recuperado. Esta embarcação, que serviu de jazigo a duas mulheres, uma das quais escrava, foi cuidadosamente preservada e transportada para Bygdøy, perto de Oslo, onde foi reconstruída e colocada em exibição juntamente com os outros dois barcos noruegueses.

Barco de Oseberg

Com recurso à dendrocronologia (medição cronológica que tem por referência os anéis dos troncos das árvores), concluiu-se que o *Barco de Oseberg* é datado de 820 A.D., medindo cerca de 70 pés de comprimento e 17 de largura[8]. Trata-se de uma embarcação de casco trincado, ou seja, o casco (quilha, proa e popa) compunha-se, de ambos os lados, de doze pranchas de carvalho sobrepostas e unidas com pregos de ferro. Sendo posteriormente apetrechada de vigas e traveses estabilizadores, e ainda de uma contraquilha. Este tipo de construção opõe-se à prática comum de dispor a quilha e montar as vigas antes de agregar as pranchas do casco.

O *Barco de Oseberg* era pilotado com recurso a um leme instalado a estibordo da popa, movendo-se graças a 30 remadores munidos com remos de pinho. O esforço exigido para depositar o *Barco de Oseberg* na mamoa sugere a importância conferida ao enterro de embarcações por parte da sociedade viking. A embarcação, partindo do mar, terá sido transportada desde longe sobre estacas até à localização da respetiva mamoa, onde foi carregada com as provisões necessárias para a vida da senhora no além-túmulo, incluindo facas, recipientes, camas, colchas e cobertores de lã, assim como a sua escrava do sexo feminino. O sepultamento incluiu ainda um vagão cinzelado, três trenós e uma sela, assim como cães, bois e cavalos. Os arqueólogos admitem que a intrincada cerimónia fúnebre terá durado cerca de quatro meses.

A embarcação de casco trincado dos Vikings era robusta e flexível, sendo calafetada com fios de lã. Os traveses, que salvaguardavam a estabilidade do casco, serviam igualmente como bancos para os remadores que, a princípio, eram os responsáveis exclusivos pela navegação. Por volta do ano 800, foi adotado o uso da vela, que passou a representar o principal meio de movimentação das embarcações dos Vikings, utensílio que estes aprenderam a manobrar com a maior destreza.

Foram encontrados barcos vikings mais recentes no interior de mamoas, embora estivessem despedaçados. Entre estes, conta-se um *drakkar* (barco longo) achado no porto de Hedeby, Dinamarca, tendo sido construído, aproximadamente, em 985, danificando-se e soçobrando cerca de 25 anos depois. Esta embarcação media aproximadamente 100 pés de comprimento[9], tinha uma boca de 8 pés[10], e era movida por 60 remos e uma vela quadrada de grandes dimensões. Uma vez que, a meia-nau, apresentava uma profundidade de apenas 4 pés, supõe-se que seria exclusivamente utilizada para percorrer a segura região costeira do Mar Báltico. Foram ainda descobertos barcos longos, mais apropriados para a navegação em mar alto, um dos quais submerso junto do Porto de Roskilde, na Dinamarca. Esta embarcação, em particular, estendia-se por cerca de 100 pés e fora construída perto de Dublin, em 1042. Outra embarcação achada em Roskilde teria, com base nas partes remanescentes da quilha, um impressionante comprimento estimado de 120 pés[11]. Estes dois barcos possuíam, a meia-nau, uma profundidade suficiente para poderem singrar pelos mares profundos do Atlântico.

---

[8] Respetiva e aproximadamente: 21 e 5 metros (N. do T.)

[9] Cerca de 30 m. (N. do T.)

[10] Cerca de 2,5 m. (N. do T.)

[11] Mais de 35 m. (N. do T.)

Ao mesmo tempo que aperfeiçoavam a construção de barcos longos, os Vikings elaboraram uma série de cargueiros especializados que podiam ser manobrados por tripulações diminutas. Estas embarcações detinham alguns remos, utilizados na navegação em espaços confinados (tais como rios), e possuíam calados reduzidos, gozando contudo de avultadas tonelagens. Um dos cinco barcos descobertos em Skuldelev, Dinamarca, medindo apenas 50 pés de comprimento, tinha um porte de 24 toneladas. Pilotando uma reconstrução deste barco, que originalmente data de 1039 e é conhecido por *Skuldelev 1*, concluiu-se que a sua tripulação seria composta por um total de 5 a 7 homens. O desenvolvimento de eficazes embarcações mercantes por parte dos Vikings deveu-se, provavelmente, ao aumento da procura por bens de baixo custo na Escandinávia, fruto da crescente estratificação da sociedade local e da necessidade de estabelecer serviços de transporte de mercadorias entre a Escandinávia e as dispersas colónias nórdicas.

Skuldelev 2

Os Vikings pilotavam os seus navios com recurso à navegação estimada, estabelecendo a latitude através de bússolas solares. Um disco com um gnómon central, ajustável em função do período do ano, flutuava numa taça de água, e, ao meio-dia, o Sol projetava uma sombra sobre o disco, indicando a latitude correta. O rumo dos barcos podia então ser ajustado em função da sombra projetada. Esta elementar técnica de navegação era apenas utilizada raramente, uma vez que os Vikings costumavam viajar saltitando de ilha em ilha. No Mar Báltico e no Atlântico Norte, os trechos das suas viagens eram de dimensão reduzida. Um navio viking podia dirigir-se da Dinamarca à Escócia ou da Noruega às Ilhas Shetland em cerca de 24 horas. A partir das Shetland, os Vikings seguiam para a Irlanda, passando pelas Órcades e pela Ilha de Man, ou então atravessavam o Norte Atlântico em direção às Faroé e, em seguida, à Islândia, eventualmente singrando até à Gronelândia e à América do Norte.

Graças às suas embarcações, os Escandinavos negociavam em diversas regiões da Europa, e o século VIII assistiu à disseminação de inúmeros entrepostos de pequenas dimensões ao longo das zonas costeiras. O poder de compra dos Nórdicos permitia a ocorrência de transações diretas entre a Escandinávia e os demais territórios, concedendo aos Nórdicos a possibilidade de exportação dos seus próprios produtos e matérias-primas. Na Escandinávia, os bens mais frequentemente comercializados eram escravos e peles - estas típicas da região -, e quanto mais setentrional a proveniência de uma pele, mais luxuosa esta era considerada. Isto beneficiou os comerciantes Nórdicos, que num ápice se prestaram a capturar e negociar, junto de tribos e nómadas, peles oriundas do extremo-Norte, tendo em vista a sua venda na restante Europa. As peles de ursos-polares eram grandemente estimadas e certos reis da Noruega exigiam-nas como tributo aos Lapões, dedicando-se por vezes à sua caça. Outros artigos de luxo comercializados pelos negociantes vikings incluíam peles de lontra, urso-pardo, rena e marta.

Isto instigou igualmente os comerciantes da Era Viking a viajarem cada vez mais para norte e para leste, em busca de tipos mais excêntricos e singulares de peles. Tal conduziu-os às entranhas da Rússia, onde foram encontrados inúmeros vestígios de povoações vikings.

É provável que o período em causa tenha igualmente testemunhado um incremento no comércio de alimentos distintos. Em vez de se alimentarem exclusivamente de produtos locais, os Escandinavos começaram a consumir géneros alimentícios provenientes do estrangeiro, alguns dos quais oriundos de lugares longínquos. De igual modo, existem exemplos de trajes vikings confecionados em seda e em peles exóticas, embutidos com joias elaboradas a partir de certos minerais, levando os historiadores a concluir que se tratarão de artigos igualmente comprados. No século X, vulgarizou-se a comercialização de bens de consumo quotidianos, nomeadamente pentes e calçado, uma vez que o afluxo de riqueza permitiu que mais pessoas pudessem adquirir estes produtos, não necessitando de confecioná-los.

Todos os artigos concebidos em metal, excetuando os de ferro, eram valorizados, e inúmeras lâminas, feitas por medida, eram adquiridas ao Sacro Império, que tecnicamente se encontrava impedido de vender armamento aos seus inimigos. Sal, mercúrio, chumbo, âmbar, cascas de noz, vidro, cerâmica e vinho eram alguns dos bens importados pela Escandinávia à Europa Meridional, e vasos decorativos com padrões intrincados, assim como contas e cristais, eram comprados à Rússia e ao Oriente.

Por seu turno, os artigos naturais da Escandinávia eram sobretudo de origem animal, tais como peles, presas de morsa e ossos de baleia, embora o tráfico de escravos fosse igualmente proeminente, tanto em termos de comércio local como internacional. Entre outros, os registos aludem a Ótaro e Vulstano, dois negociantes que viajaram entre Birka, Hedeby e Inglaterra, e cujas jornadas foram documentadas em ambas as extremidades do Mar do Norte. Uma outra rota atravessava o Mar Báltico com destino a uma região da Letónia chamada Semigália. Daí, os mercadores locais transportavam os bens ao longo do Rio Duína Ocidental, o que provavelmente requeria um tipo distinto de embarcação. Tratava-se de um padrão comercial comummente praticados pelos Escandinavos em solo europeu, segundo o qual os mercadores se limitavam a abordar as costas marítimas, onde vendiam os seus artigos por atacado, comprando novos produtos e navegando de volta às povoações portuárias da Escandinávia.

As rotas comerciais da Era Viking assentavam em inúmeros intermediários responsáveis pelo estabelecimento de ligações entre terras distantes. O comércio local e o desenvolvimento do artesanato motivaram o florescimento de vilas e empórios de maiores dimensões, estreitando os laços entre territórios diversos. As colossais quantidades de ouro e prata que as expedições vikings levaram até à Escandinávia atraíram o interesse de proeminentes mercadores exóticos, nomeadamente Hispano-Árabes, Saxões, Frísios e Eslavos, que deixaram no Norte vestígios de artigos e costumes. Mais de oitocentas moedas árabes de prata, datadas da Era Viking, foram encontradas na Gotlândia, Suécia, o que indicia a sua popularidade. Escusado será dizer que pouquíssimos marinheiros ou mercadores realizaram diretamente a viagem entre a Escandinávia e o Califado Árabe, embora existam alguns registos de Árabes que a efetuaram. Na sua maioria, estas moedas certamente trocariam de mãos por diversas vezes, atravessando toda a Europa até chegarem à Escandinávia.

Foram descobertas mais moedas inglesas de prata na Escandinávia do que propriamente em Inglaterra, o que demonstra ademais a fartura dos Vikings durante este período, providenciada não só pelas suas competências comerciais, mas talvez sobretudo pela sua capacidade de extorquir os Ingleses na sua demanda por riquezas. Os Vikings abastados podiam adquirir bastante prata proveniente de várias regiões (por via do comércio, de pilhagens, de subornos, de presentes ou de tributos), e os piratas começaram igualmente a frequentar os mares setentrionais, pressionando os chefes tribais e os monarcas locais a zelarem pela proteção dos barcos que transportavam artigos até aos seus portos. A defesa das embarcações era usualmente garantida por grupos e comunidades interdependentes que se voluntariavam para o efeito. Isto estimulou o estabelecimento de uma confiança fundamental entre negociantes de proveniências várias, conduzindo à partilha de normas sociais e ao desenvolvimento de estruturas económicas similares em lugares distintos.

O atribulado século IX, durante o qual o comércio foi largamente substituído por pilhagens, enfraqueceu o Império Carolíngio, caracterizando-se por maior controlo e manutenção nos portos. Consequentemente, alguns entrepostos menores foram dissolvidos durante o período de maior expansão e violência dos raides vikings. Trecho durante o qual, aliás, medraram povoações como Kaupang, Hedeby, Åhus, Lund e Birka, sendo que os padrões comerciais na Escandinávia e no resto da Europa foram submetidos a profundas alterações durante os 200 anos de expedições vikings. A unidade das tribos escandinavas impossibilitou guerras à escala local e obrigou os Nórdicos a procurarem no estrangeiro por locais passíveis de serem saqueados. Nos finais da Era Viking, as localidades supracitadas entraram em declínio por conta da Rússia de Kiev. O Grão-Principado de Kiev travou a rota comercial que ligava o Califado Islâmico e o

Império Bizantino à Escandinávia e açambarcou parte substancial dos respetivos bens e riquezas, afetando diretamente a vida e a prosperidade dos empórios escandinavos.

Embora a Era Viking seja mormente lembrada e retratada como um tempo de violência, o impacto geral resultante das atividades dos Vikings foi deveras positivo. Os seus empreendimentos comerciais incentivaram as economias da Europa Ocidental, que haviam estagnado com a queda do Império Romano. Por certo, as vítimas dos raides tinham toda a legitimidade para expressarem a sua insatisfação, embora existam, designadamente a este respeito, duas distintas versões narrativas.

Segundo a *Crónica Anglo-Saxónica*, pouco antes do primeiro grande raide viking em Inglaterra, "homens Dinamarqueses" desembarcaram em Wessex durante o reinado de Beortrico. Três embarcações atracaram na Ilha de Portland, e quando os homens do rei se deslocaram para cumprimentarem os mercadores pioneiros, foram assassinados. Poucos anos depois, diferentes fontes referem que o rei Ofa da Mércia e o próprio Carlos Magno haviam previamente tomado medidas de fortificação das defesas costeiras contra marinheiros pagãos, provavelmente Vikings.

Dentre as primeiras incursões direcionadas pelos Vikings da Escandinávia contra alvos estrangeiros, a mais afamada teve lugar em 793, na costa oriental de Inglaterra, no mosteiro de Lindisfarne. As circunstâncias do ataque foram documentadas por monges e escribas horrorizados que moravam no mosteiro, os quais descreveram expressivamente a violência ocorrida. De acordo com o clérigo Cristão, Alcuíno de Iorque, que viveu durante o acontecimento, o raide sucedeu de modo absolutamente inopinado. Disse da Igreja de São Cuteberto ter sido "salpicada pelo sangue dos sacerdotes de Deus, desprovida de todo o mobiliário, exposta a pilhagens pagãs – o lugar mais sagrado de toda a Bretanha." Um ano depois, os Vikings, conforme atestado por um documento contemporâneo, "assolaram a Nortúmbria, e saquearam o mosteiro de Egfrido, em Donemuth"; e, no ano de 800, "os mais ímpios exércitos de bárbaros despojaram cruelmente as igrejas de Hartness e Tynemouth, e regressaram com o seu espólio aos navios".

A investida sobre Lindisfarne foi, segundo as vítimas e conforme descrito na *Crónica Anglo-Saxónica*, a culminação de uma série de maus presságios desencadeados por Deus. Depois de furacões, relâmpagos e fome, os bárbaros chegaram para chacinar, roubar e devastar a casa de Deus em Lindisfarne. A explicação era a de que haviam sido enviados por Deus como punição, e de que os monges do mosteiro teriam por certo cometido uma falta terrivelmente grave para O irar a tal ponto. Os Vikings, por seu turno, assumiram uma perspetiva mais materialista a respeito do evento e justificaram-no de um modo particular. Tinham ouvido falar do mosteiro bem antes de o saquearem, assim como das suas riquezas ocultas, após diversos contactos comerciais com o Reino da Nortúmbria, onde se encontrava situado. Os Vikings sabiam que o mosteiro fora fundado a uma distância considerável de Iorque, a povoação mais próxima, e escolheram-no pelas suas inúmeras fragilidades.

O incremento da atividade comercial na região contribuíra significativamente para o desenvolvimento económico do mosteiro, que se tornou particularmente abastado. Acabou por se apresentar como um alvo óbvio, e os Vikings conheciam de antemão os movimentos das marés, o que facilitava o ato de desembarque, sabendo ainda como intercetar os terrenos e caminhos que conduziam ao mosteiro, privando-o de qualquer hipótese de auxílio. Ironicamente, a localização do mosteiro havia sido escolhida em função do seu isolamento e difícil acesso a partir de terra. Quem quer que desejasse visitar – ou pilhar – o mosteiro, seria ouvido e avistado muito antes da sua chegada. Ninguém no mosteiro previu o desembarque de um navio, oriundo de além-mar, nas águas pouco profundas. Esta capacidade de surpresa tornar-se-ia o cunho dos Vikings.

O facto de o primeiro ataque de larga escala ter visado um mosteiro contribuiu para alimentar uma imagem de sanguinolência e crueldade. Evidentemente, os padres e os monges haviam testemunhado conflitos antes, sobretudo entre os seus monarcas, contudo os exércitos cristãos tinham por hábito não arremeterem contra igrejas ou mosteiros, mesmo em território inimigo. Os Vikings, pelo contrário, não eram tementes ao Deus dos Cristãos, alimentando apenas a ambição de subtraírem as riquezas presentes em edifícios religiosos; e, embora os Vikings o ignorassem, Lindisfarne situava-se no coração político do norte da Grã-Bretanha e era um valioso símbolo do Cristianismo em Inglaterra. Foi onde um excelso trabalho, de seu nome *Evangelhos de Lindisfarne*, fora produzido algumas dezenas de anos antes. Encadernado a ouro e embutido de joias, era um tesouro para o mundo Anglo-Saxónico.

Embora tudo isto contribuísse para sacralizar Lindisfarne, nem os livros, nem os santos, nem as orações auxiliaram os monges que viviam no mosteiro quando os Vikings decidiram acometer subitamente. Os rumores da incursão espalharam-se rapidamente e imputaram uma fama bastante desonrosa aos Vikings – não só haviam atacado e roubado uma casa de Deus, como haviam igualmente arruinado relíquias, massacrado alguns monges e raptado outros com o desiderato de os escravizarem. Não sobrevivem testemunhos oculares, e ninguém tem inequívoca certeza acerca da fiabilidade dos relatos; porém, existe uma pedra nas cercanias do mosteiro, lavrada provavelmente um ano depois da ocorrência com o objetivo de honrar os mortos, que retrata agressores violentos e monges em oração.

Alcuíno de Iorque foi o responsável pela redação dos documentos mais frequentemente consultados no que concerne ao saque de Lindisfarne, embora não tenha estado presente no local quando do sucedido, e tivesse profundas motivações quanto ao fortalecimento da posição política da Igreja, circunstâncias que devem ser tidas em consideração ao analisar a sua obra. Conhecia igualmente os monges e o abade do mosteiro, o que poderá ter contribuído para uma certa parcialidade. Os seus registos incluem certas exagerações evidentes, embora, em todo o caso, a imagem das ações dos Vikings em Lindisfarne, no ano de 793, contraste de modo diametralmente oposto face às prévias interações comerciais pacíficas. Os atacantes integravam uma frota relativamente reduzida, provavelmente composta por três ou quatro embarcações pertencentes a uma frota de maiores dimensões que, nesse mesmo ano, singrava em direção à

Escócia. O saque de Lindisfarne, assim como as incursões na Escócia, depararam com pouca resistência, razão pela qual ditos territórios continuaram a atrair bandos de Vikings durante alguns anos.

O segundo ataque documentado a outro mosteiro em Inglaterra ocorreu na Nortúmbria, pouco depois de 793. O mosteiro de Donemuth foi pilhado nas mesmas circunstâncias selváticas registadas em Lindisfarne, e estas hordas de Vikings poderão ter vindo da Noruega, não obstante alguns documentos os catalogarem de Dinamarqueses. Após estes primeiros ataques em reinos ingleses, cessaram os registos de adicionais incursões durante os quarenta anos seguintes, e a convicção geral é a de que os Vikings encontraram melhores chances de pilhagem na Escócia, tendo saqueado as Hébridas durante uma série de anos. É altamente provável que o grupo de Vikings responsável pela realização de incursões da Escócia estivesse sediado nas Ilhas Órcades, o que aumentaria o seu raio de ação e possibilitaria regressos mais frequentes. Em breve, os Vikings dedicaram-se igualmente a raides na Irlanda, que à data experimentava convulsões políticas e não podia oferecer grande resistência.

Em Inglaterra, a atmosfera serenou até se assinalar uma nova vaga de atividade viking no Sul, na Ilha de Sheppey. No ano de 835, a presença dos Vikings era um facto consumado, e não só as suas investidas aumentaram nas Ilhas Britânicas, como começaram a tornar-se mais comuns no continente, importunando o Império Carolíngio. Foi, aliás, quando eclodiu verdadeiramente o período de 200 anos de incursões vikings, sobretudo conduzidas pelos Dinamarqueses. A *Crónica Anglo-Saxónica* refere a ocorrência anual de raides, e podemos rastrear os Vikings graças a esta obra bem preservada. Devido à agitação política verificada tanto em Inglaterra como no Sacro Império, a produção de registos escritos foi maior durante esse período, os quais incluíam igualmente os Vikings.

As incursões ocorriam frequentemente em zonas fronteiriças situadas entre dois reinos, embora, nessas circunstâncias, os atacantes fossem avistados à distância, permitindo às aldeias o planeamento defensivo, a ocultação de pertences e a evacuação de aldeões não combatentes. Os Vikings dificultavam qualquer possibilidade de fuga graças às suas lestas movimentações, e quiçá as suas investidas fossem descritas como inusitadamente ferozes por conta do elemento de surpresa que lhes conferia vantagem. Podiam facilmente lutar contra camponeses impreparados, e as suas abordagens não requeriam propriamente requinte. Os Vikings primitivos não seriam realmente hábeis com espadas e machados, recorrendo com maior frequência à força bruta do que à técnica, tendo contudo aprimorado táticas militares ao tentarem conquistar cidades de grandes dimensões, tal como sucedeu no decurso dos ataques a Paris, durante os quais os Vikings adotaram uma série de estratégias militares.

O zénite da Era Viking foi igualmente definido pela desarmonia política derivada da deposição dos Carolíngios, em finais do século IX; pela rivalidade entre os monarcas dos reinos ingleses; e pela fragilidade da Rússia de Kiev a oriente. Os Vikings tiraram proveito da convulsão e, em determinadas situações, aliaram-se a tribos, reis e chefes tribais querelantes, atacando simultaneamente as vilas e aldeias mais vulneráveis por conta da negligência das respetivas autoridades. Rumores acerca de pilhagens-relâmpago, alvos expostos e façanhas intrépidas rapidamente se disseminaram pela Escandinávia e incentivaram inúmeros jovens a participarem nas expedições vikings.

O espírito de aventura é amiúde negligenciado no rol de motivações subjacentes a estes súbitos raides marítimos, embora os Vikings retornados, assim como os poemas que lhes foram consagrados, aprovassem as viagens e as glorificassem de um modo desfasado da realidade. Inúmeros cachopos eram engodados a provarem o seu valor no campo de batalha, em vez de permanecerem numa Escandinávia de solos rudes e clima hostil.

Embora as fontes sejam enviesadas, é seguro afirmar que estes ataques apresentavam uma natureza distinta, não consistindo propriamente numa técnica de persuasão comercial. O modo como as incursões foram realizadas, a sua rapidez, e os roubos resultantes foram demonstrações de inovação, e os historiadores classificam tais investidas como os primeiros ataques a serem frequentemente associados aos Vikings. Após um século de acumulação e monopolização de riqueza, os navegadores da Escandinávia sabiam perfeitamente da abundância de artigos passíveis de serem pilhados ao longo das costas das Ilhas Britânicas e da Europa continental. Saquear seria mais simples do que estabelecer novas rotas comerciais, pressupondo unicamente a formação de tripulações e a elaboração de redes dedicadas à ocultação de parte dos dividendos. O modelo achava-se firmemente estabelecido e girava em volta de uma série de artesãos, mercadores, marinheiros, chefes tribais e monarcas que não permitiam a participação de outros. Razão pela qual os Vikings, munidos de armas, começaram a efetuar desembarques com a intenção de pilharem e assassinarem. Além disso, a ligeireza das movimentações por mar, oposta à lentidão de longas marchas, impossibilitava que aldeões e monges pudessem antecipar as incursões, e, durante estes ataques iniciais, foram comummente subjugados na realização das suas tarefas quotidianas.

O retrato clássico dos Vikings constitui, em larga medida, um exagero; contudo, quando os seus raides principiaram repentinamente, existiam variadas razões para temê-los. O término do século VIII assistiu a uma modificação evidente no seu comportamento.

Apesar de as *Sagas da Vinlândia* não concordarem a respeito de quem primeiramente vislumbrou a América do Norte, concordam que o avistamento foi acidental. As colónias da Gronelândia situavam-se na costa ocidental, e, de modo a serem alcançadas a partir da Islândia, os Vikings necessitavam de contornar o Cabo Farvel, onde as gélidas Correntes da Gronelândia encontram a Corrente do Golfo. Isto origina condições climatéricas agrestes, nomeadamente a formação de nevoeiro, razão pela qual o lugar é célebre pelo transvio de marinheiros, fenómeno que terá igualmente sido protagonizado pelos Vikings.

Entre as duas *Sagas da Vinlândia,* a melhor fonte de informação é a *Saga dos Gronelandeses.*

Os peritos creem ter sido escrita antes da *Saga de Érico, o Vermelho*, não contendo tantos elementos fantásticos quanto esta. A saga conta a história da colonização da Gronelândia, assim como da exploração da Vinlândia, representando uma das principais fontes a respeito da propagação mais ocidental da cultura escandinava.

A porção da saga referente à Vinlândia começa com a narração de como Bjarni Herjólfsson tentou navegar da Islândia à Gronelândia, mas acabou extraviado e envolto em nevoeiro durante vários dias. Ele e a sua tripulação acabaram por atingir uma margem de pequenas colinas florestadas, e, apesar de nem Bjarni nem nenhum dos seus homens ter alguma vez visto a Gronelândia, as matas deixaram claro que se encontravam no sítio errado. Navegaram para norte, apartando-se da costa, tendo velejado por dois dias em alto-mar, antes de lobrigarem novamente terra. Desta vez, o terreno era plano, embora igualmente arborizado.

Os tripulantes desejaram desembarcar para se reabastecerem com água e lenha, mas Bjarni recusou, afirmando terem mantimentos em abundância. Navegaram por mais três dias em direção a nordeste e chegaram a um terceiro lugar, com uma enorme montanha encimada por um glaciar. Julgando terem alcançado uma ilha, contornaram o local e viajaram durante quatro dias para nordeste até, por fim, atracarem na Gronelândia.

A viagem de Bjarni atraiu imediatamente interesse, embora o reprovassem por não ter explorado os novos territórios. Diz a saga:

«Leif, filho de Érico, o Vermelho, de Brattalid, dirigiu-se a Bjarni Herjólfsson, e adquiriu a sua embarcação, e engajou uma tripulação, ao todo composta por trinta e cinco homens. Leif pediu a Érico, seu pai, que chefiasse a viagem, mas Érico escusou-se, dizendo estar então bastante envelhecido, não podendo mais suportar as asperezas do mar. Leif respondeu que seu pai continuava a ser o mais afortunado da família. Érico submeteu-se ao pedido de Leif, e partiram de casa assim que se aprontaram. A embarcação encontrava-se a uma curta distância. O cavalo que Érico montava tropeçou, e este tombou e magoou um pé. Então Érico disse: 'Não está destinado que eu deva descobrir mais países além daquele que habitamos, por isso não devemos tentar mais empreendimentos em conjunto.'

«Érico regressou à sua casa de Brattalid, mas Leif seguiu para o barco, em conjunto com os seus camaradas, trinta e cinco homens. Existia um sulista na expedição, de seu nome Tyrker. Trataram então de aprestar o barco e fizeram-se ao mar logo que concluída a tarefa, e acharam em primeiro lugar a última terra que Bjarni havia descoberto. Acercaram-se da margem, e fundearam, e lançaram botes, e pisaram a costa, e não viram erva. Massivas geleiras encimavam o território, embora do mar às montanhas se estendesse uma planura de pedras achatadas, e pareceu-lhes que esta terra não tinha préstimo.

«Então Leif disse: 'Ao contrário do que Bjarni fizera, desembarcámos nesta terra. Agora darei um nome à região, chamando-lhe Helluland *(Terra das Pedras Achatadas).'*

«A seguir regressaram a bordo, e singraram pelo mar, e descobriram outro lugar. Ancoraram, arriaram botes, e chegaram a terra. Este território era plano e coberto de bosque, e areias brancas prolongavam-se em redor, e a costa era baixa.

«Leif declarou: 'Esta terra deverá ser batizada em honra das suas qualidades, denominando-se Markland *(Terra da Floresta)'.*

«Retornaram imediatamente à embarcação. Navegaram por alto-mar com um vento de nordeste, levando dois dias a avistar terra, tendo então alcançado uma ilha situada a oriente do território. Visitaram-na e, com um clima favorável, miraram em redor, constatando existir orvalho sobre a relva. Tocaram o orvalho com as mãos, levaram os dedos às suas respetivas bocas, e pensaram nunca ter provado algo tão doce.

«Em seguida, voltaram ao barco e navegaram por um estreito localizado entre a ilha e um promontório, que se projetava a leste do território; e depois passaram pelo promontório, deslizando para ocidente. A baixa-mar era extremamente rasa, e o barco encalhou, tendo ficado bastante apartado do mar. Mas a tripulação desejava de tal modo desembarcar, que não aguardou pelo reenchimento da maré, tendo corrido pela costa, junto a um lugar onde um rio brota de um lago, porém não tardou até que a embarcação voltasse a flutuar. Então, dentro de botes, remaram até ao barco, o qual pilotaram até ao rio, e daí ao lago, onde ancoraram, e retiraram da embarcação os seus sacos-cama de pele e armaram tendas.

«Em seguida conferenciaram e decidiram invernar no local, e construíram vastas habitações. Não rareava salmão no rio nem no lago, salmão tão grande como nunca haviam visto. Tal como supuseram, a natureza do território era de tal qualidade, que o gado não necessitava de ser alimentado dentro de portas no inverno, uma vez que não ocorria congelamento e a erva definhava somente um pouco. O dia e a noite eram mais equilibrados do que na Gronelândia ou na Islândia, uma vez que, no dia mais curto, o Sol permaneceu acima do horizonte das sete e meia da manhã às quatro e meia da tarde.

«Mas quando terminaram a construção das habitações, Leif disse aos seus companheiros: 'Dividirei os nossos homens em dois grupos, tendo em vista a exploração do território. Metade dos homens deverá permanecer nos abrigos, e a outra metade deverá esquadrinhar o lugar.'»

Durante uma destas expedições, Tyrker, o Germânico, desapareceu, e Leif, que lhe era próximo, lançou-se imediatamente em sua busca. Quando o encontraram, estava ileso, porém tão excitado que, durante algum tempo, comunicou apenas na sua língua materna, incompreensível para os restantes homens. Pouco depois, Tyrker começou a falar em Nórdico, e disse ter encontrado videiras, com as quais se familiarizara na sua terra natal. Leif ordenou então que os seus homens recolhessem madeira e uvas; e tantas uvas juntaram, que um dos pequenos botes se encheu delas e foi rebocado atrás da embarcação principal. À última terra que exploraram, Leif deu o nome de *Vinland* (Terra do Vinho).

Leiv Eiriksson oppdager Amerika[12]
(Christian Krohg, 1893)

Tal como sucedera com Bjarni, os relatos de Leif a respeito de uma terra nova estimularam amplo interesse, e não tardou até que Thorvald, irmão de Leif, decidisse embarcar numa viagem até á região:

«Thorvald aprontou-se para esta expedição em conjunto com trinta homens, e aconselhou-se junto de Leif, seu irmão. Aparelharam o barco e fizeram-se ao mar. Nada se conhece da viagem até terem alcançado as tendas de Leif, na Vinlândia. Aí guardaram a sua embarcação, e passaram um inverno agradável, e pescaram para

---

[12] Literalmente: *Leif Eriksson descobre a América*. (N. do T.)

seu sustento.

«Na primavera, Thorvald declarou que deveriam aprestar o barco, e que alguns homens deveriam pilotar o drakkar *da embarcação ao redor da faixa ocidental do território, explorando-a durante o verão. O lugar parecia decente e arborizado, e as árvores e o mar separavam-se por uma curta distância e por areias brancas. Havia inúmeras ínsulas e muita água rasa. Não acharam abrigos de homens nem de animais senão numa ilha a oeste, onde viram um tugúrio de madeira. Acabaram por voltar para junto das tendas de Leif no outono.*

«No verão seguinte, Thorvald singrou até leste, e contornou o território em direção a norte. Eclodiu então uma borrasca quando se achavam ao largo de um promontório, tendo sido levados até à costa, e a quilha do barco partiu-se, e os homens tiveram de permanecer muito tempo no local a reparar a embarcação.

"Thorvald declarou aos seus companheiros: 'Quero que arranjemos a quilha sobre este promontório, e o denominemos Kjalarness *(Promontório da Quilha).'*

«Posteriormente, contornaram as margens orientais do território, em direção às bocas dos estuários mais próximos e a um sítio que se prolongava e se encontrava pejado de árvores. Avançaram com o barco, fizeram descer uma prancha, e Thorvald penetrou na região em conjunto com os seus companheiros. Afirmou: 'Este lugar é belo, e é onde gostaria de edificar a minha morada.'

«Então os tripulantes dirigiram-se à embarcação, e vislumbraram três saliências sobre as areias do promontório, e caminharam na sua direção e perceberam que se tratavam de três barcos de pele, cada qual ocultando três homens. Dividiram-se e capturaram todos menos um, que fugiu com o seu barco. Mataram os restantes oito e depois regressaram ao promontório e vislumbraram certas elevações no meio do estuário, que acreditaram corresponder a habitações.

«Depois, tão sonolentos se sentiram que não lograram permanecer acordados, tendo adormecido. Então um grito despertou-os a todos. Era assim: 'Acordem, Thorvald e seus companheiros! Se quiserem sobreviver e regressar ao barco sem baixas, deixem a terra sem demoras.'

«Então uma formidável multidão de barcos de pele irrompeu do seio do estuário, precipitando-se em direção dos homens. Thorvald afirmou: 'Trataremos de nos defender tão bem quanto pudermos, porém sem nos pelejarmos em demasia.'

«Assim fizeram, e os Skrælingjar alvejaram-nos durante um pedaço, mas depois fugiram, cada qual tão depressa quanto conseguia. Thorvald perguntou se algum

dos seus homens fora atingido. Responderam que ninguém se ferira.

« 'Eu tenho um ferimento sob o braço', disse, 'pois uma flecha voou entre a borda do barco e o escudo, e alojou-se debaixo do meu braço. Aqui está a flecha, e a chaga ser-me-á mortal. Agora aconselho que se aprontem para partirem imediatamente, mas primeiro carreguem-me até ao promontório que julguei digno de ser habitado. Talvez as minhas palavras se revelem premonitórias, e eu venha a permanecer nesse sítio por um pedaço. Aí deverão enterrar-me, e erigir cruzes junto de minha cabeça e de meus pés, e, doravante e para sempre, chamar Krossaness *ao local.'»*

Os homens assim fizeram e depois voltaram para junto dos restantes, tendo o grupo novamente invernado. Na primavera, regressaram à Gronelândia com resmas de uvas e madeira.

A viagem subsequente foi realizada por Thorfinn Karlsefni, um sujeito abastado da Noruega que visitara a Gronelândia e ouvira relatos a respeito da Vinlândia. Viajou em conjunto com sessenta homens, cinco mulheres, e a sua esposa, Gudrid. A tripulação concordou que quaisquer objetos de valor encontrados seriam irmãmente divididos. Thorfinn tentou comprar a Leif as suas tendas, mas o explorador recusou, limitando-se a alugar-lhas.

A expedição decorreu sem sobressaltos até às tendas de Leif, e foi abençoada com a descoberta de uma baleia acostada, que a tripulação tratou de retalhar. Os homens haviam igualmente levado consigo alguns animais, incluindo um touro, para o qual não tinham qualquer utilidade, e encontraram madeira, uvas, peixe e caça em abundância. Invernaram nas tendas de Leif, e, no verão seguinte, um vasto grupo de *Skrælingjar* surgiu na pastagem. O touro desatou a mugir, assustando os nativos. Estes dirigiram-se à granja de Thorfinn, mas os Nórdicos defenderam a porta e impediram a sua entrada. Após algumas tentativas frustradas de comunicação, os nativos abriram os embrulhos que traziam e exibiram uma série de belíssimas peles. Procuraram trocar estes artigos por armas, contudo Thorfinn proibiu o negócio. Em vez disso, Thorfinn mandou que as mulheres lhes oferecessem leite e produtos lácteos. Os indígenas provaram e adoraram os alimentos, trocando as suas peles por um deleite desconhecido.

Após os nativos terem ido embora, Thorfinn construiu uma paliçada em torno da sua herdade e preparou-se para o combate. Por esta altura, Gudrid deu à luz um cachopo chamado Snorri, primeiro Europeu a nascer oficialmente no Novo Mundo.

Por volta do segundo inverno, os autóctones regressaram, mas desta feita em número imensuravelmente superior. Arremessaram os seus sacos de peles sobre a paliçada tendo a vista a negociação, mas a troca cessou quando um dos servos de Thorfinn atacou um nativo que tentava pegar em armas, sendo que os restantes se colocaram em fuga. Thorfinn sabia que voltariam e que lutariam, por isso dirigiu-se à clareira onde o gado permanecia. Lembrava-se de que os indígenas temiam o touro, animal que evidentemente jamais haviam visto, portanto decidiu surpreendê-los com a besta. Quando os nativos apareceram, o estratagema resultou, e os Nórdicos assassinaram uma larga quantidade de homens aterrorizados. Os autóctones bateram em retirada, e nem Thorfinn nem os seus homens voltaram a avistá-los. Os Nórdicos passaram um inverno tranquilo e retornaram à Gronelândia na primavera, recheados de bens.

A saga relata então a última e sangrenta viagem à Vinlândia:

«As pessoas começaram novamente a falar de expedições à Vinlândia, posto que as viagens pareciam rentáveis e honradoras. No mesmo verão em que Karlsefni regressou da Vinlândia, um barco proveniente da Noruega, e capitaneado por dois irmãos, Helgi e Finnbogi, chegou à Gronelândia, onde passou o inverno. Estes irmãos tinham ascendência islandesa e eram oriundos de Austfjord.

«Freydis, filha de Érico, saiu de casa, em Garde, e dirigiu-se aos irmãos Helgi e Finnbogi, e sugeriu-lhes que navegassem até à Vinlândia com as suas embarcações e dividissem consigo metade dos lucros. Eles aquiesceram. Então ela reuniu-se com Leif, seu irmão, e pediu que lhe desse as casas que construíra na Vinlândia, porém a sua resposta permaneceu inalterada, dizendo que lhas arrendaria, mas não ofereceria.

«Ficou assim acordado, entre Freydis e o par de irmãos, que cada qual engajaria trinta homens combativos nas suas embarcações, além de mulheres. Mas Freydis quebrou a promessa, acrescentou cinco homens, e escondeu-os; de modo a que os irmãos não tivessem deles conhecimento antes de alcançarem a Vinlândia. Fizeram-se ao mar, e combinaram permanecer juntos se possível, contudo os irmãos atracaram um pouco antes e transportaram os seus pertences até às habitações de Leif.

«Quando Freydis chegou a terra, os seus barcos foram descarregados e os seus haveres levados até à casa. Freydis disse: 'Porque trouxestes as vossas coisas até aqui?'

« 'Porque julgávamos', replicaram, 'que o acordo se mantinha inabalável.'

« 'Leif arrendou as casas a mim', declarou ela, 'não a vós.'

«Helgi sentenciou: 'Sóis mais malévola do que nós.'

«Os irmãos levaram os seus pertences e construíram uma habitação própria, distante da praia e na margem de um lago, e arranjaram-na convenientemente. Freydis ordenou o abate de árvores e o seu transporte até ao seu barco. Principiou o inverno, e os irmãos propuseram a organização de atividades desportivas e lúdicas. Assim sucedeu temporariamente, até que a coscuvilhice e a discórdia se

abateram sobre eles, e os desportos terminaram, e deixaram de existir visitas mútuas entre os habitantes das casas, tendo este estado de coisas subsistido durante grande parte do inverno.

«Sucedeu certa manhã que Freydis se levantou da sua cama e se vestiu, não calçando meias nem sapatos, e muito orvalho se havia formado. Pegou no manto de seu esposo e vestiu-o, e encaminhou-se para casa dos irmãos. Um homem precedera-a um pouco antes e deixara a porta semiaberta. Ela empurrou-a e, por instantes, quedou em silêncio no limiar.

«Finnbogi encontrava-se acordado no exterior da casa, tendo proferido: 'Que desejais daqui, Freydis?'

«Redarguiu ela: 'Pretendo que vos levanteis e me acompanheis, pois que quero falar-vos.'

«Dirigiram-se até junto de uma árvore próxima das habitações e sentaram-se.

«'Estais satisfeito neste lugar?', inquiriu a mulher.

«'Congratulo-me com a fertilidade da terra, mas descontenta-me a discórdia semeada entre nós, pois me parece despropositada', replicou ele.

«'Falais a verdade', declarou ela, 'e eu penso do mesmo modo, mas o meu desígnio é o de trocar o meu barco pelo de vosso irmão. A vossa embarcação é maior do que a minha, e é meu desejo abandonar a região.'

«'Concordo que assim seja', respondeu ele, 'se for essa a vossa vontade.'

«Ela regressou a casa e deitou-se com os pés gelados, o que acordou Thorvard, que lhe perguntou por que razão estava tão fria e encharcada. A mulher replicou com veemência: 'Dirigi-me à habitação dos irmãos para lhes propor um negócio, pois pretendia adquirir o barco grande, contudo a proposta ofendeu-os de tal modo, que me espancaram e se aproveitaram de mim. Mas tu, homem miserável, por certo não vingarás a nossa desgraça, e facilmente se percebe que, não estando eu na Gronelândia, me separarei de ti se não me vingares.'

«Ele não mais tolerou as suas reprovações, e ordenou que seus homens se levantassem de pronto e empunhassem armas. Foram diretamente até à casa dos irmãos, e entraram, e lançaram-se sobre os homens adormecidos, e agarraram-nos e amarraram-nos, e retiraram-nos um após o outro. Freydis mandou que ambos fossem assassinados após a saída. Agora todos os varões da habitação estavam mortos, e sobravam apenas mulheres, as quais ninguém mataria. Disse Freydis

então: 'Deem-me um machado!' Golpeou as cinco mulheres que se encontravam presentes, e não parou até todas terem sido chacinadas.

«Regressaram a casa depois deste terrível ato, e Freydis parecia satisfeita, e falou aos seus: 'Sendo possível que retornemos à Gronelândia, matarei todo aquele que revelar este evento. Diremos que ficaram para trás após termos partido.'

«Nos alvores da primavera, aprontaram o barco que pertencera aos irmãos e carregaram-no com os melhores itens à disposição, enchendo-o completamente. Zarparam, e viajaram com rapidez, e alcançaram Eriksfjord [na Gronelândia] no início do verão. Karlsefni estava presente, e mandou que seu barco fosse rapidamente aprestado, e aguardou por um vento favorável. Amiúde se diz que, da Gronelândia, jamais partiu navio mais rico do que aquele que capitaneou.»

A Colonização Viking Segundo a *Saga de Érico, o Vermelho*

Um relato bem distinto da colonização viking no Novo Mundo é contado na *Saga de Érico, o Vermelho*. Esta saga assevera que Érico e seu pai fugiram da Noruega "por causa de homicídios". Seriam presumivelmente culpados, embora o texto não os descreva como cruéis criminosos; terão seguramente estado envolvidos nalguma forma de disputa, comum numa região densamente povoada por Nórdicos voláteis.

De qualquer forma, o par mudou-se para a Islândia, onde Érico voltou a envolver-se em problemas. Embrenhou-se num conflito com vizinhos e acabou por matar alguns, o que levou ao seu banimento da região onde morava. Mudou-se para outra parte da Islândia, mas logo conflituou novamente com os seus novos vizinhos. Desta vez, Érico fugiu por mar e decidiu procurar por uma terra avistada por Gunnbjörn, filho de Ulf, o Corvo, depois de desencaminhado para ocidente por uma tempestade. Érico rapidamente achou e explorou o novo território, nomeando alguns dos seus pontos de referência. Batizou a terra de "Gronelândia" e regressou à Islândia em busca de colonos.

Leif Eriksson, filho de Érico, visitou o rei Olavo Tryggvason, que o instou a retornar à Gronelândia e a levar consigo o Cristianismo. Na sua viagem de regresso: "Permaneceu no mar por bastante tempo, tendo inesperadamente descoberto várias terras. Viu campos de trigo selvagem, e também videiras completamente desenvolvidas. Contemplou igualmente áceres. Recolheram estas provas irrefutáveis, incluindo troncos que, pelas suas enormes dimensões, foram aplicados na construção de casas. Leif encontrou náufragos e levou-os consigo de volta a casa, alimentando-os durante o inverno. Assim evidenciou a sua enorme magnanimidade e elegância ao introduzir o Cristianismo na região, e ao salvar a tripulação naufragada. Foi chamado de Leif, o Sortudo."

Leif voltou à Gronelândia e começou a difundir o Evangelho. Muitos converteram-se, incluindo a esposa de Érico, que estava mais interessado no território descoberto pelo seu filho e decidiu enviar uma expedição composta por 20 homens tendo em vista a sua exploração. Os tripulantes acabaram vergastados por uma borrasca que os varreu praticamente até à Irlanda, antes de conseguirem regressar a casa. A tentativa seguinte assumiu maiores proporções, compondo-se de diversos barcos, integrando vários amigos e parentes de Érico, e perfazendo um total de 160 homens. De acordo com a saga:

> *«Estiveram no mar durante dois meios-dias. Depois alcançaram terra, e remaram ao seu redor em botes, e exploraram-na, e encontraram pedras lisas, tantas e tão grandes que sobre elas dois homens podiam permanecer deitados e de calcanhares unidos. Existiam raposas-do-ártico em abundância. Chamaram esta terra de* Helluland *(Terra das Pedras Achatadas).*

> *«Navegaram então com rajadas nortenhas por dois meios-dias, e acabaram por avistar terra, sobre a qual havia uma vasta floresta e uma multiplicidade de animais selvagens. Uma ilha jazia a sudeste, e encontraram ursos e batizaram a ínsula de* Bjarney *(Ilha dos Ursos). A região principal, onde se encontrava a floresta, foi intitulada* Markland *(Terra da Floresta). Depois, passados dois meios-dias, vislumbraram terra. Existia um cabo do qual se acercaram. Singraram junto à margem, que se prolongava a estibordo. A costa carecia de porto e tinha vastas praias de areia. Dirigiram-se a terra em botes, e descobriram a quilha de uma embarcação, e chamaram ao lugar* Kjalarnes *(Promontório da Quilha). Intitularam as praias de* Furdustrandir *(Costa da Admiração), pois era entediante navegar ao largo delas. Então a costa mostrou-se ziguezagueada por riachos, e pilotaram os seus barcos ao longo dos riachos.»*

A partir de Furdustrandir, a expedição enviou dois velozes emissários rumo ao Sul por três dias, incumbidos de comunicarem o que testemunhassem. Ao regressarem, relataram a existência de solo fértil. Um carregava um punhado de uvas, e o outro trazia uma espiga de trigo selvagem. Segundo a saga:

> *«[Eles] seguiram em direção a um lugar onde a costa era recortada por um estuário. Penetraram no estuário com os barcos. Havia uma ilha em frente ao estuário, e poderosas correntes rodeavam a ilha, que denominaram* Straumsey *(Ilha das Correntes). Albergava tantos pássaros, que era praticamente impossível pisá-la para colher os ovos. Continuaram pelo estuário, que chamaram de* Straumsfjordr, *e desembarcaram o seu carregamento em terra e prepararam-se para montar arraiais. Possuíam gado de toda a espécie, e buscavam o produto da terra envolvente. Havia montanhas, e o lugar era agradável de contemplar.*

> *«...acharam imensas pastagens. Permaneceram durante o inverno, que se revelou extremamente duro, não permitindo a realização de qualquer trabalho; e a comida*

escasseava, e a pesca falhou. Deslocaram-se até à ilha, na esperança de pescarem alimento ou de encontrarem algo junto à margem. Nesse sítio pouco alimento existia, porém o gado obteve bom sustento. Em seguida rezaram a Deus, pedindo-Lhe que lhes concedesse uma reserva de carne, mas a prece não foi atendida com a celeridade que teriam desejado.»

Após invernarem na nova região, os membros da expedição dividiram-se, e um dos grupos procurou regressar a casa, contudo extraviou-se e alcançou a Irlanda, onde acabou por ser escravizado. O outro grupo, liderado por Karlsefni, partiu para sul. A saga continua:

«Karlsefni percorreu o território rumo ao Sul, em conjunto com Snorri e Bjarni e a restante companhia. Viajaram por tempo considerável, até atingirem um rio que descia pela região em direção a um lago, e daí até ao mar. Existiam extensas ilhas ao largo da foz do rio, as quais não eram banhadas pelo curso de água senão durante a preia-mar.

«Karlsefni e o seu séquito velejaram até à foz do rio, e batizaram o território de Hóp. Aí viram campos de trigo selvagem em todas as depressões, e vinhas em todos os sítios onde o rude terreno se elevava. Todos os ribeiros estavam pejados de peixe. Abriram buracos onde a terra tocava a água, nomeadamente no ponto mais alto da maré; e quando a maré baixou, encontraram linguados nas covas. No mato, pululavam animais selvagens de todos os tipos. Permaneceram no local durante meio mês, desfrutando e olvidando tudo o resto. Tinham o seu gado consigo.

«Nos alvores de uma manhã, ao mirarem em redor, contemplaram nove canoas de pele, e bordões em forma de focinho serem brandidos a partir dos barcos, soando como manguais e girando na direção do movimento do Sol.

«Então Karlsefni disse: 'O que significa isto?'

«Snorri respondeu-lhe: 'Quiçá seja um sinal de paz. Tomemos um escudo branco e encontremo-nos com eles.'

«E assim fizeram. Os barqueiros remaram em direção à costa e ficaram surpreendidos por vê-los, e desembarcaram. Eram de baixa estatura e aparência enfermiça, com cabelos desgrenhados nas suas cabeças. Tinham olhos grandes e bochechas dilatadas. Permaneceram imóveis e atónitos. Depois, remaram rumo ao Sul, seguindo ao largo do promontório.»

Os membros da expedição invernaram junto do lago e gozaram de um inverno ameno, não avistando neve nem autóctones. A saga descreve a primavera ulterior:

«Quando a primavera começou, vislumbraram cedo numa manhã uma frota de

canoas de pele, navegadas ao largo do cabo e provindo do Sul. Tantas eram, que o mar parecia ter sido polvilhado de carvão, e, conforme acontecera antes, em cada canoa foram agitados bordões. Então ergueram os escudos, e estabeleceu-se um mercado entre as partes; e estas pessoas preferiram comprar tecido vermelho. Em troca, ofereceram peles bastante cinzentas. Desejaram igualmente adquirir espadas e lanças, mas Karlsefni e Snorri impediram-no. Ofereceram peles escuras em troca pelo tecido, e obtiveram um renque de tecidos e ataram-nos em volta das suas cabeças; e assim as coisas se foram desenrolando. Mas quando a provisão de tecidos deu sinais de minguar, decidiram rasgá-los, quedando com uma largura de apenas um dedo. Os Skrælingjar ofereceram bastante em troca, talvez mais até do que antes...

«.... Um touro que pertencia à comitiva de Karlsefni irrompeu do mato e mugiu sonoramente. Os Skrælingjar atemorizaram-se e correram até às suas canoas e singraram junto à costa e rumo ao Sol. Não deram qualquer sinal de vida durante três semanas. Ao cabo desse período, aproximou-se desde o Sul uma imensa multidão de embarcações de Skrælingjar, navegando rapidamente como uma corrente, sendo os bordões desta vez girados em sentido oposto ao do movimento do Sol, e os Skrælingjar bradavam com ruído. Eles [os Nórdicos] empunharam escudos encarnados para os receberem. Encontraram-se e combateram, e houve uma monumental saraivada de projéteis. Os Skrælingjar tinham ainda fundas de guerra, ou catapultas.

«Karlsefni e Snorri notaram que os Skrælingjar traziam paus apetrechados com enormes esferas escuras e comparáveis em tamanho ao estômago de uma ovelha. Estes objetos foram arremessados sobre a companhia de Karlsefni e, ao tombarem no chão, emitiram um terrível ruído. Isto produziu um enorme pavor em Karlsefni e seus homens, cujo único impulso foi o de subirem a encosta em retirada, paralelamente ao rio, julgando que chusmas de Skrælingjar os perseguiam de todas as direções. E não pararam até alcançarem uns despenhadeiros. Aí ofereceram vigorosa resistência.

«Freydis saiu e testemunhou a retirada. Vociferou: 'Por que razão fugis dessas imprestáveis criaturas, sendo vós homens robustos, quando, segundo me parece, poderíeis massacrá-las como se fossem reses? Concedam-me uma arma. Poderia repeli-los melhor do que vós.'

«Não prestaram qualquer atenção às suas palavras. Freydis procurou acompanhá-los, mas ficou rapidamente para trás, pois não se encontrava bem. Seguiu no encalço deles através da floresta e os Skrælingjar voltaram a sua perseguição no sentido da mulher. Ela deparou com um homem morto, Thorbrand,

filho de Snorri, cuja cabeça havia sido perfurada por uma pedra achatada. A sua espada jazia a seu lado, por isso ela tomou-a e aprontou-se para se defender.

«Os Skrælingjar *precipitaram-se em sua direção. Ela destapou o peito, onde cravou a lâmina da espada. Assustados sobremaneira, eles correram até aos botes e fugiram. Karlsefni e os demais caminharam até ela e louvaram o seu zelo. Dois homens de Karlsefni faleceram, assim como quatro* Skrælingjar, *apesar de estes se encontrarem em vantagem numérica.»*

Os Nórdicos concluíram que, apesar de agradável, a terra se encontrava habitada por demasiados nativos, razão pela qual jamais viveriam em paz; portanto, decidiram seguir para norte. Ao passarem pelo *Straumsfjordr,* cerca de 100 homens decidiram que aí se instalariam; no entanto, os restantes seguiram caminho rumo à exploração da região.

Neste ponto, a saga torna-se ligeiramente criativa e alude a um Monópode, uma criatura célebre durante a Idade Média, correspondendo a um homem dotado somente de uma perna e de um pé de enormes dimensões. Este Monópode terá atingido mortalmente um Nórdico com uma flecha antes de saltitar para longe.

Os exploradores prosseguiram, regressando mais tarde ao *Straumsfjordr* para acamparem durante o terceiro inverno da expedição. Diz a saga:

«Snorri, filho de Karlsefni, nasceu no primeiro outono, e tinha três invernos de idade quando principiou a viagem de regresso a casa. Quando partiram da Vinlândia, soprava um vento meridional, e atingiram a Marclândia, e encontraram cinco Skrælingjar. *Um era homem e tinha barba, dois eram mulheres, dois eram crianças. A comitiva de Karlsefni capturou as crianças, mas os outros escaparam e ocultaram-se num buraco. Levaram as crianças consigo, e ensinaram-lhes a sua língua, e batizaram-nas.*

«As crianças chamavam a sua mãe de Vætilldi e o seu pai de Uvægi. Disseram que a terra dos Skrælingjar *era governada por reis, um dos quais se chamava Avalldamon, denominando-se o outro Valldidida. Afirmaram que não possuíam habitações, e que as pessoas moravam em cavernas ou buracos. Além disso, declararam que existia um lugar situado em posição diametralmente oposta ao seu território, cujos habitantes vestiam trajes brancos, emitiam lamentos audíveis, carregavam longos bordões, e envergavam franjas ornamentais. Esse sítio chamar-se-ia* Hvitramannaland *(Terra do Homem Branco). Posteriormente chegaram à Gronelândia, e passaram o inverno na presença de Érico, o Vermelho.»*

Evidência Empírica das Colónias

Com exceção da Gronelândia, existe uma única colónia nórdica confirmada na América do Norte: L'Anse aux Meadows, no ponto mais setentrional da ilha de Terra Nova, Canadá (51°35′42.96″N, 55°31′52.4″O). O sítio arqueológico foi descoberto em 1960 e revelou-se peculiar sob inúmeros aspetos, o mais notável dos quais sendo a sua localização numa baía exposta e não num local mais abrigado, ao contrário da generalidade dos povoados nórdicos ao longo do Atlântico Norte. A equipa de arqueólogos em questão não exumou quaisquer recintos destinados ao recolhimento de gado, e os únicos ossos animais descobertos pertenciam a focas e baleias. De igual modo, não surgiram quaisquer evidências de atividade agrícola.

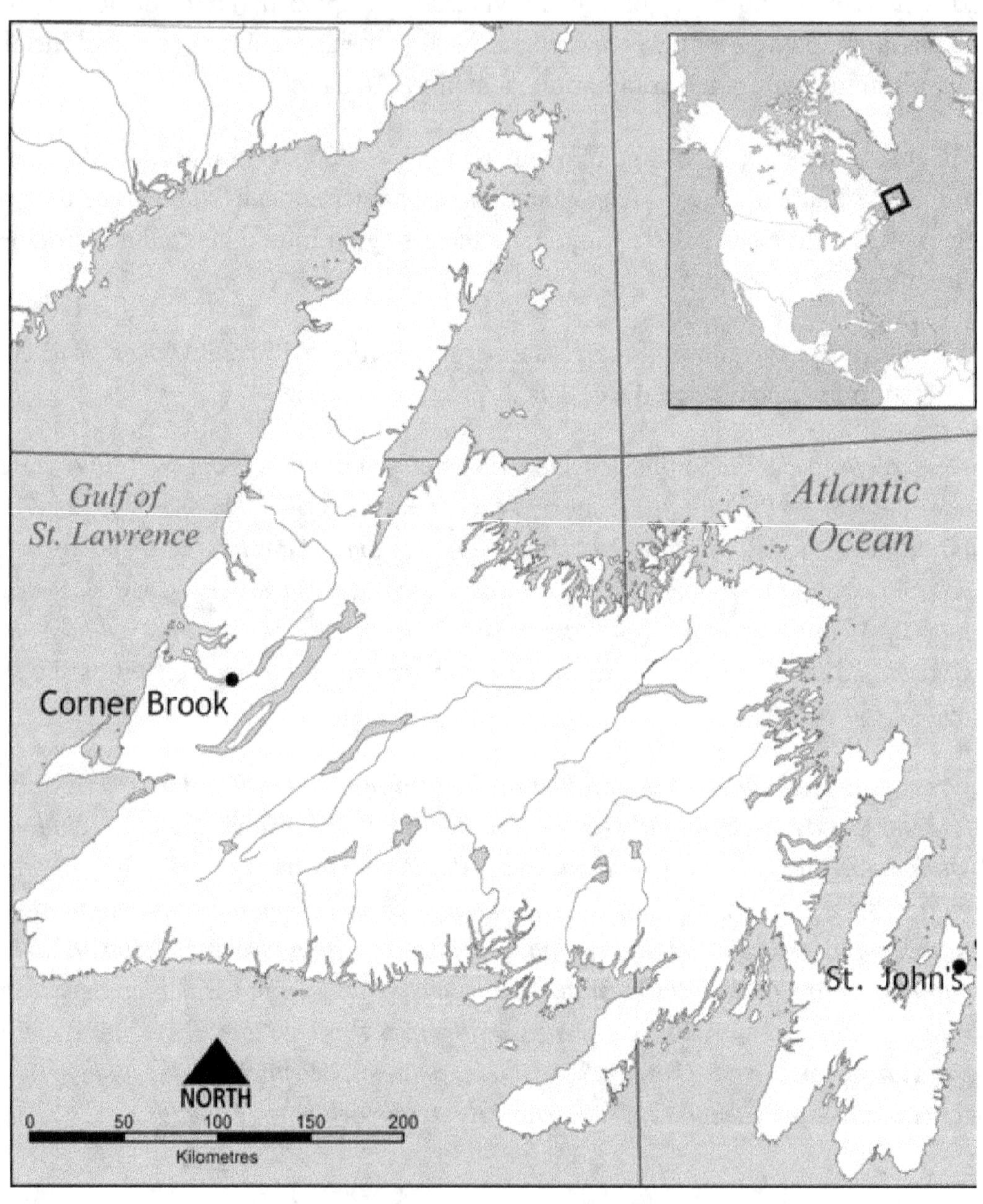

Um mapa da Ilha de Terra Nova

Fotografia, da autoria de Dylan Kereluk,
da recriação da colónia viking em L'Anse aux Meadows

Fotografia do interior de uma habitação em L'Anse aux Meadows

A disposição da colónia é igualmente inusitada. Além de não incluir vastos estábulos, as oito construções que a integram agregam-se em quatro grupos distintos. Três dos agrupamentos compõem-se de um amplo salão e de uma pequena cabana, sendo que um destes inclui ainda uma habitação de dimensões reduzidas. Dois dos três edifícios de maior envergadura apresentam amplas despensas, tal como verificado nas colónias da Islândia e da Gronelândia.

A quarta secção encontra-se ligeiramente apartada das restantes, situando-se do lado oposto de um ribeiro. É uma construção diminuta, munida de uma forja de pedra e argila, assim como de um forno utilizado na confeção do carvão com o qual se alimentava a fornalha. O pântano próximo da povoação apresenta grandes minérios de ferro junto à superfície. A escória deixada no local sugere que a forja terá sido usada uma única vez, tendo somente originado uns poucos quilogramas de ferro. No sítio arqueológico, além de um prego, encontraram-se noventa e nove fragmentos de pregos, sendo que, na sua maioria, os itens ostentavam indícios de terem sido removidos de uma embarcação. Os pregos de ferro necessitavam de ser substituídos com frequência, fruto do enferrujamento, pelo que um barco poderá ter sido consertado no local.

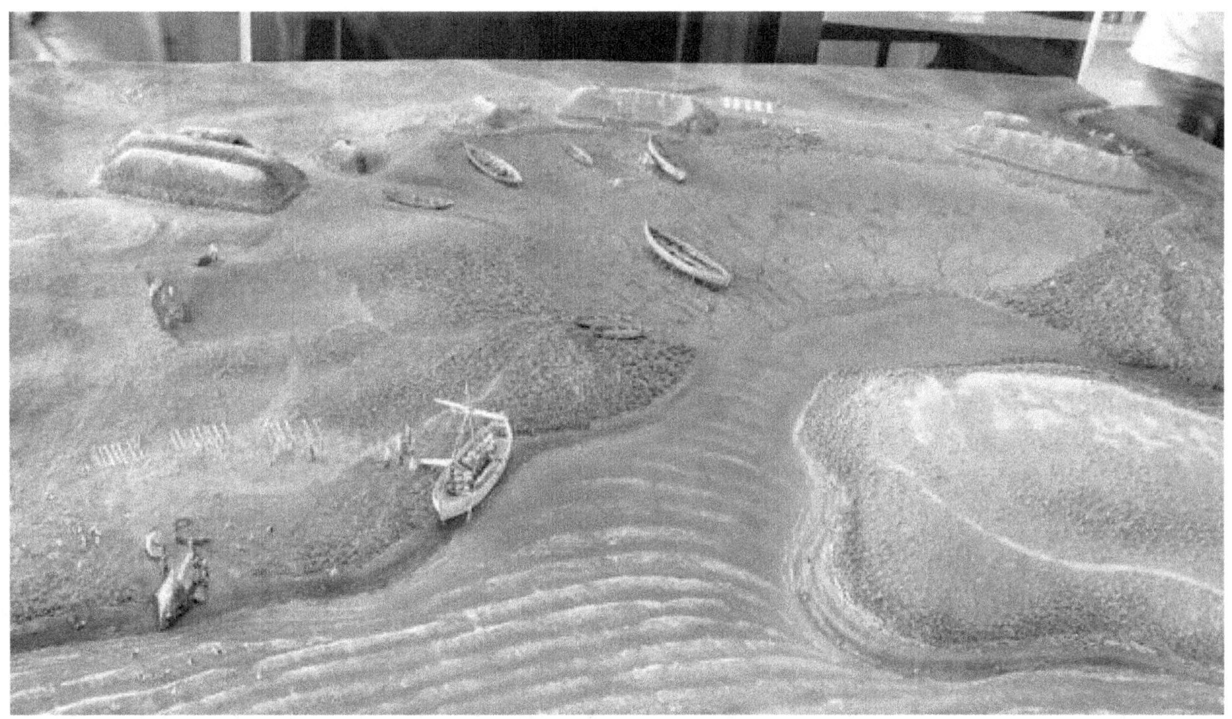

**Fotografia, da autoria de Torben Brinker,
de um modelo da disposição do povoado nórdico**

Certos artigos de madeira foram encontrados no paul, preservados em ácido tânico. Nomeadamente: a tampa de um barril; um pedaço de soalho pertencente a uma pequena embarcação; a cabeça de uma broca; uma taça de casca de bétula; cavilhas de madeira; e alguns objetos de uso indeterminado. O trecho de pavimento incluía cavilhas de pinheiro-da-escócia, então desconhecido na América do Norte mas comum na Noruega.

Todos os vastos salões continham diversas divisões. Os espaços comunais de grandes dimensões apresentavam plataformas laterais de madeira utilizadas como camas, assim como lareiras para efeitos de aquecimento e de confeção de alimentos, ao passo que os compartimentos menores continham, numa ou em ambas as extremidades, os aposentos privados dos respetivos donos. As divisões comunitárias albergavam igualmente a realização de refeições e de atividades diurnas. O maior de todos os salões tinha uma oficina adjacente para efeitos de construção e reparação de barcos.

O modelo habitacional em causa, composto por residência e local de trabalho, é tipicamente encontrado em povoações nórdicas ao longo do Atlântico Norte, adotado por indivíduos modestos, tais como camponeses arrendatários ou empregados agropecuários. Os abrigos eram construções subterrâneas, sendo que seriam igualmente utilizados como moradas e oficinas.

Todos os edifícios eram usados em simultâneo, apresentando um estilo islandês e consistindo em estruturas de madeira sobrepostas com turfa. Tal conceção arquitetónica era igualmente comum na Gronelândia. Atendendo às suas dimensões, a colónia seria habitada por 70-90 pessoas.

Em todo o caso, convém referir que povoações compostas simplesmente por casas e por umas quantas oficinas, e desprovidas de qualquer tipo de atividade agropecuária, constituem uma descoberta incomum entre as colónias nórdicas do Atlântico Norte, sendo que o povoado em questão não evidencia de que forma terá conseguido sustentar-se economicamente. A pesca teria ajudado, e certas pedras encontradas numa das cabanas têm sido entendidas como pesos utilizados em redes de pesca; contudo, ao que parece, a maioria dos alimentos consumidos provinha de trocas comerciais estabelecidas com Ameríndios ou outros Escandinavos.

Outros artefactos oferecem uma compreensão mais aprofundada do quotidiano em L'Anse aux Meadows. Uns quantos itens de adorno pessoal, tais como uma peça de bronze dourado e uma conta de vidro, sugerem que os colonos possuiriam meios para a aquisição de artigos de beleza, tendo sido ainda descobertas uma pedra de amolar e uma fusaiola. Foram encontradas nove pederneiras de jaspe, as quais puderam ser rastreadas até regiões específicas por via de análise química. Quatro provêm do ocidente da Gronelândia, e as restantes do oeste e do sudoeste da Islândia. O que reforça o conteúdo das sagas, de acordo com as quais autóctones de ambas as regiões teriam viajado até à Vinlândia.

Dos artigos encontrados no local, um dos mais relevantes é um pedaço de nogueira-branca, *Juglans cinerea*, que havia sido trabalhado com uma faca. Esta espécie não existe na Ilha de Terra Nova; na verdade, não se encontra além do vale compreendido entre os rios Saint John e Saint Lawrence, na faixa nordestina da província de Nova Brunswick (47°N). Sendo este igualmente o limite mais setentrional das uvas selvagens, sugerindo que, efetivamente, os Nórdicos terão viajado até zonas mais meridionais e achado uvas na Vinlândia.

Alguns artefactos podem ser datados com bastante precisão, tendo sido realizadas diversas datações por radiocarbono no sítio arqueológico. O povoado de L'Anse aux Meadows terá sido habitado por volta de 990-1050, e sujeito a uma única e curta ocupação, de duração não superior a um punhado de anos. O local apresenta poucos desperdícios, nomeadamente no que respeita a ossos animais, ao contrário do que seria expectável num lugar habitado durante um período de tempo prolongado; além disso, não existem evidentes reparações nos edifícios, cuja natureza obrigava à realização de obras a cada período de, aproximadamente, 15 anos. Sendo ainda que a partida dos Nórdicos terá sido ordeira e tranquila, tendo praticamente todos os objetos sido removidos e transportados na viagem de regresso.

As construções lembram uma passagem da *Saga dos Gronelandeses*, durante a qual Leif e a sua tripulação constroem tendas. Mais tarde, decidem invernar no local em questão e erigir habitações. O termo *"búð"* era commummente empregue como referência a abrigos temporários, dotados de paredes de turfa e coberturas de lona, sendo geralmente usados em acampamentos provisórios, nomeadamente de natureza piscatória ou política (*Althingi*). Não foram achados vestígios de tais construções em L'Anse aux Meadows; no entanto, caso tivessem sido prontamente substituídas por residências permanentes, é possível que acabassem negligenciadas pelo registo arqueológico. O nome *"Leifsbúðir"* (i.e., "tendas de Leif") é referido inúmeras vezes ao longo da saga, denotando a natureza originalmente transiente da colónia.

A saga alude a dois povoados distintos: um acampamento de duração anual, situado no norte da Vinlândia, no *Straumfjord*, e um acampamento de verão mais a sul, em *Hóp*, onde se recolheram uvas e madeira. Muitos arqueólogos creem que L'Anse aux Meadows corresponderá à colónia do *Straumfjord*, mencionada na *Saga de Érico, o Vermelho,* uma vez que não existiam vinhas em zona tão setentrional. Adicionalmente, a descrição oferecida pela saga a respeito do lugar, localizado num fiorde próximo de uma ilha banhada por fortes correntes, corresponde às características de L'Anse aux Meadows.

Vários arqueólogos duvidam que a Vinlândia fosse um destino frequente para os Nórdicos. Excetuando a possibilidade de fornecimento de madeira aos Gronelandeses, existiam poucos incentivos para a realização de viagens com destino à região em causa; além disso, por volta do desembarque dos Vikings no atual Canadá, a Colónia Oriental e a Colónia Central teriam, em conjunto e na pior das hipóteses, 400 habitantes, ao passo que a Colónia Ocidental teria 100 habitantes. Por isso, um investimento de 90 colonos, apenas e só, em L'Anse aux Meadows teria constituído uma enorme depauperação de recursos humanos. Os mesmos arqueólogos tendem a oferecer reduzidas estimativas a respeito do pico populacional da Gronelândia, afirmando que dificilmente terá ultrapassado um total de 3 000 habitantes.

Estimativas populacionais à parte, a região oferecia poucos atrativos aos Nórdicos. A Vinlândia continha uvas e madeira, porém a Marclândia tinha igualmente madeira. Além disso, a Islândia, através do comércio com a Noruega, também providenciava madeira, assim como vinho oriundo das regiões mediterrânicas e germânicas, e assim como artigos manufaturados, além de representar uma via de contacto com inúmeros familiares. Viagens com origem na Islândia e destino na Noruega eram essenciais e regulares, pelo que a Vinlândia não oferecia nada a que os Nórdicos não tivessem acesso prévio. Razão pela qual os Gronelandeses tinham um particular interesse comercial em presas de morsa e narval, uma vez que tais artigos não existiam na Noruega. A Vinlândia constituía um entreposto fascinante, porém dificilmente terá capturado por muito tempo a atenção dos pragmáticos Nórdicos.

Em todo o caso, a Vinlândia era a zona temperada mais próxima das colónias da Gronelândia, e pressupunha uma viagem menos áspera do que aquela que conduzia dos mares gélidos e encapelados até ao leste da Gronelândia. A sua madeira era de particular interesse; a linha de árvores que atravessa o norte de Labrador tem permanecido estável, à latitude em questão, por mais de 2 000 anos. Não é inequívoco que os Nórdicos tenham originalmente chegado à América com o objetivo de colherem madeira com regularidade; mas, das cinco expedições à Vinlândia referidas na *Saga dos Gronelandeses*, três terão resultado na recolha de madeira. A *Saga de*

Érico, o Vermelho, menciona igualmente que Leif Eriksson terá transportado uma amostra de madeira tendo em vista a exibição aos seus conterrâneos dos recursos disponíveis na Vinlândia. Arqueólogos dedicados às colónias da Gronelândia desenterraram baús de larício-americano, uma árvore nativa da América do Norte e inexistente na Escandinávia. Componentes navais feitos a partir de abetos e larícios oriundos da América do Norte foram também descobertos na Gronelândia. Embora certos investigadores argumentem que tais artigos possam ter sido confecionados com recurso a madeira achada à deriva, é difícil garantir com precisão que assim tenha realmente sido.

Artefactos Vikings na América do Norte

Arqueólogos dedicaram-se igualmente ao estudo dos povos pré-históricos nativos de todas as regiões alegadamente visitadas pelos Vikings. Por altura da Era Viking, existia em Labrador um povo conhecido pelos arqueólogos como Complexo de Point Revenge[13]. Esta civilização habitou as zonas costeiras em pequenos agregados de tendas munidas de lareiras lajeadas, apresentando um distinto padrão de ferramentas de pedra; de acordo com datações por radiocarbono, terá prosperado entre 700-1500. Permanece por especificar que tribos Ameríndias descendem dos Point Revenge; estes poderão ter ligações aos Montagnais e aos Naskapi, ou mesmo a qualquer um dos diversos povos marítimos extintos por volta das colonizações Inglesa, Francesa e Holandesa. Após terem deparado com um grupo de nativos junto à Enseada de Hamilton, no ano de 1718, baleeiros Holandeses relataram certos pormenores semelhantes à descrição providenciada pelos Nórdicos a respeito dos *Skraelingjar*. Os autóctones em questão conduziam canoas de casca de árvore; entrelaçavam tecido vermelho no cabelo; usavam pontas de flecha de ferro; e eram seguramente falantes de Algonquino.

Existem dúvidas relativamente a eventuais contactos entre Iroqueses e Nórdicos. Nos princípios do século XVI, os Iroqueses realizavam viagens sazonais até Labrador para caçarem focas, mas não existem provas de que o fizessem antes de 1400, o que torna improvável a ocorrência de qualquer contacto com os Nórdicos.

A Pré-História Tardia de Terra Nova não é tão bem conhecida quanto a de Labrador. O povo residente durante o período em questão recebeu simplesmente o vago título de "Índios Recentes". A sua cultura aparenta ter sido similar à do Complexo de Point Revenge. Os Índios Recentes poderão ter sido precursores dos Beothuck, os quais recorriam a canoas de bétula-papirífera para capturarem peixes, focas e aves marinhas durante o verão, retornando às florestas para invernarem. Os Beothuck foram um dos primeiros grupos de Ameríndios a contactarem com os Europeus, tendo começado a ser transportados para a Europa como escravos pelo menos a partir de 1501. Digladiaram-se com os Europeus até serem eventualmente dizimados, em princípios do século XIX.

---

[13] Originalmente: Point Revenge Complex. (N. do T.)

A norte, Labrador era habitado pelos Dorset (Paleoesquimós). A sua área de residência incluiu Terra Nova até meados do século IX, embora tenham partido rumo a zonas mais setentrionais após os territórios meridionais terem sido tomados por outros grupos. Quando os Nórdicos alcançaram o Novo Mundo, os Dorset encontravam-se apenas nas áreas mais nortenhas a que as sagas fazem alusão. Os Dorset haviam igualmente perdido boa parte do Ártico Canadiano para os Thule, que, durante o século XI, se encaminharam para leste a partir do Alasca, embora os Dorset tenham permanecido em Labrador (aproximadamente a norte da latitude 57°N) e na região adjacente, compreendida entre o ocidente da Ilha de Baffin e o Estreito de Hudson, até aos inícios do século XVI. Érico, o Vermelho, referiu ter encontrado destroços de barcos e habitações no sudoeste da Gronelândia, e diversos arqueólogos assumem que o território possa ter sido habitado pelos Dorset.

Os Thule começaram a chegar ao noroeste da Gronelândia no início do século XII. Um século mais tarde, encontravam-se no norte de Labrador, coabitando com os Dorset. Os recém-chegados eram peritos na sobrevivência em zonas boreais, conforme o indicia a sua lesta expansão ao longo do Norte; e, em termos culturais, haviam empreendido progressos tecnológicos significativos, entre os quais se destacam o *kayak* e o *umiak*, os arcos compostos por tendões de animais e os arpões flutuantes.

Têm sido descobertos objetos escandinavos em variadas localidades ameríndias do Ártico Canadiano, especialmente no norte da Ilha de Ellesmere, incluindo fragmentos de pano com padrões vikings e pedaços de cota-de-malha. Numa residência de inverno thule na Ilha de Baffin, arqueólogos desenterraram uma estatueta de madeira, com 5,4 centímetros de altura, que aparenta representar um Nórdico envergando um manto tradicional com capuz. O manto apresenta uma abertura frontal e é decorado com uma cruz no peito - um traje comum na Europa Setentrional e que nada se assemelha às conhecidas vestimentas ameríndias da época. Esta escultura data do século XIII e aparenta ter sido confecionada localmente. Nas suas obras estatuárias, os Thule da Gronelândia representavam os Nórdicos de um modo padronizado, disso existindo certos exemplos remanescentes; contudo, a estatueta da Ilha de Baffin ostenta um estilo absolutamente distinto.

**Fotografia, da autoria de Wes Gill, da Ilha de Baffin,
um lugar que poderá ter sido colonizado pelos Vikings**

A ocidente do Estreito de Hudson, alguns artefactos de madeira, aplanados e pregados, foram descobertos. É possível que se tratem de itens de fabrico nórdico, embora não se encontrem devidamente contextualizados.

De todos os artefactos nórdicos encontrados na América do Norte, aquele que surgiu mais a sul foi uma moeda desenterrada no Estado do Maine, na estação arqueológica de Goddard, um local do Período Cerâmico Tardio cujas datações por radiocarbono evidenciaram a ocorrência de atividades entre os anos de 1180 e 1235. Conhecida como "*Penny* do Maine", trata-se de uma moeda norueguesa cunhada entre 1065 e 1080, sendo que outros objetos descobertos no sítio arqueológico de Goddard sugerem de que forma a moeda terá lá chegado. Nomeadamente, certas ferramentas confecionadas a partir de calcedónia proveniente da Baía de Fundy, assim como de quartzo oriundo do norte de Labrador. Adicionalmente, descobriu-se uma ferramenta elaborada pelos Dorset, sugerindo a existência disseminada de negócios entre os povos setentrionais, pelo que a localização do *penny* poderá ser explicada à luz destas atividades comerciais. Cumpre referir que a moeda se achava perfurada, por isso talvez fosse usada como amuleto.

A data da moeda é posterior à das viagens originalmente referidas pelas sagas. Isto sugere que as travessias até à América do Norte se prolongaram no tempo e que poderão ter sido mais abrangentes do que os textos indiciam. Nos *Anais Islandeses,* uma breve referência atinente ao ano de 1347 menciona que um barco oriundo da Gronelândia se terá transviado e aportado na Islândia, após uma expedição à Marclândia, cujas zonas costeiras eram então habitadas pelos Dorset.

Povoações dos Dorset situadas no norte do Canadá oferecem vagas sugestões a respeito da ocorrência de contactos interculturais. Três ornamentos distintos de cobre, oriundos do leste da Baía de Hudson, aparentam ter sido confecionados com recurso a folha de cobre fundido da Gronelândia, por oposição a cobre nativo (que nunca era submetido a fundição). Outro fragmento de cobre, composto (tal como um dos adornos) por pequenas quantidades de ferro e níquel, foi encontrado no local, datando sensivelmente do ano 1000.

Inclusivamente L'Anse aux Meadows nos ofereceu um artefacto dos Dorset: uma lamparina de pedra-sabão, semelhante às que costumam descobrir-se mais a norte (e não em Terra Nova). Talvez tenha sido transportada pelos Nórdicos após uma caçada ou uma viagem de negócios.

No campo-santo nórdico de Sadnes, na Gronelândia, descobriu-se uma ponta de flecha ameríndia, nomeadamente na praia situada imediatamente abaixo do cemitério, tendo o objeto porventura resvalado devido à erosão do solo. O modelo do artefacto corresponde àquele que era utilizado pelos habitantes do sul de Labrador e de Terra Nova entre 1000-1500.

Evidentemente, o trato comercial existente entre os Vikings e os Thule da Gronelândia apresentava uma maior proximidade. Por volta do século XIII, o mais tardar, artefactos nórdicos chegaram ao noroeste da Gronelândia, perto das ilhas que hoje integram o território do Canadá. Utensílios de confeção ou imitação nórdica, aparentemente datados dos séculos XII ou XIII, foram descobertos em vários sítios arqueológicos do Ártico Canadiano e poderão ter sido transportados por Nórdicos ou mesmo por Thule que tenham comerciado com Nórdicos. Um artigo em particular corresponde a uma pequena peça de ferro fundido oriundo da costa ocidental da Baía de Hudson. Os habitantes desta região mantinham relações comerciais com o noroeste da Gronelândia por causa das suas vastas quantidades de ferro meteórico, a partir do qual confecionavam as suas ferramentas. Segundo parece, as trocas envolviam igualmente ferro escandinavo.

Na Ilha de Bathurst, três pedaços de folha de cobre fundido foram recolhidos num sítio arqueológico datado do século XII, em conjunto com um pingente de bronze e artefactos de ferro meteórico. Tais artigos terão estado envolvidos na mesma rota comercial que passava pela Baía de Hudson. Dois outros pedaços de cobre fundido foram descobertos na Ilha de Cornwallis, mais de 50 milhas[14] a sudeste da Ilha de Bathurst.

---

[14] Cerca de 80 km. (N. do T.)

Uma descoberta ainda mais significativa ocorreu em duas antigas aldeias thule, situadas na Baía de Buchanan, no leste da Ilha de Ellesmere, onde arqueólogos encontraram pedaços de cota-de-malha; o fundo de um barril de madeira; lâminas de ferro fundido pertencentes a facas; restos de tecido de lã; rebites náuticos de ferro; e vários fragmentos de ferro e cobre fundido. O facto de estes itens terem sido encontrados em povoados thule primitivos evidencia a ocorrência de comércio ou até coexistência com os Nórdicos. As aldeias parecem datar, mais ou menos, do século XII.

A cerca de 100 milhas de distância, num outro sítio arqueológico thule, desta feita localizado na costa ocidental da Ilha de Ellesmere, arqueólogos exumaram um pedaço de uma balança de bronze, artigo usualmente utilizado pelos Nórdicos para efeitos de pesagem de artigos comerciais.

Numa outra estação arqueológica thule, situada na Ilha de Devon e datada do século XV, arqueólogos acharam parte de uma tigela de bronze fundido e um fragmento de ferro fundido.

Embora as evidências sejam fragmentárias, insinuam que os Nórdicos terão sustentado a longo prazo, atividades comerciais com todos os povos que conheciam. Um arqueólogo sublinhou a existência de artefactos nórdicos numa vasta proporção de sítios arqueológicos thule, datados dos séculos XII e XIII, sugerindo que o contacto entre as duas civilizações seria esporádico mas de longo alcance. Os Vikings recém-chegados vendiam sobretudo artigos de metal fundido, cuja confeção era desconhecida dos povos autóctones, embora permaneça por esclarecer quais os artigos que adquiriam em troca. As sagas referem a compra de peles aos povos da Vinlândia. Uma vez que os nativos, e especialmente os Thule, eram mais evoluídos do que os Nórdicos no capítulo do aproveitamento da ecologia local, talvez vendessem produtos de origem animal cujo acesso se encontrasse dificultado ou vedado aos Nórdicos. Pelo menos, tal era o que sucedia na Gronelândia, onde os Nórdicos exportavam maioritariamente marfim de morsa, adquirindo aos Thule artigos de origem animal que acrescentavam ao produto das suas caçadas estivais no *Nordrsetur*.

Achados Espúrios e Pseudoarqueologia

Conforme indiciado pelo mapa da atividade dos Vikings, estes percorreram boa parte do mundo conhecido e aventuraram-se, inclusivamente, em território ignoto antes da Era dos Descobrimentos. Em parte, quiçá o fascínio em torno dos Vikings se explique em função de terem contactado com tantas civilizações distintas.

Em última análise, a Era Viking terminou com a cristianização dos Nórdicos ao longo de quase todo o século XII. Antes, os Vikings haviam investido três séculos em viagens, colónias e trocas comerciais, desde a Rússia à América do Norte, assimilando-se em Inglaterra, na Irlanda e na Normandia. Na Escandinávia, na Islândia e na Gronelândia, a herança viking originou o firme estabelecimento de Estados nacionais, permanecendo salvaguardada nos diversos territórios dos seus antigos domínios. O orgulho cultural subjacente foi disseminado por vagas posteriores de migração escandinava, tendo como destino lugares longínquos como o Estado do Minnesota, casa dos *Minnesota Vikings*, e Gimli, Manitoba, Canadá, onde os Islandeses celebram o *Islendingadagurinn*, um festival anual com mais de 100 anos de idade.

Um pouco por toda a Europa, assistiu-se a uma renovação do interesse nos Nórdicos durante os séculos XVIII e XIX, cujo pico foi atingido durante o Revivalismo Viking registado nesse intervalo de tempo. Como consequência, investigações eruditas procuraram estimular o conhecimento a respeito da Era Viking, tendo arqueólogos começado a vasculhar extensivamente por vestígios dos Vikings, e linguistas principiado a atentar nos dialetos do Nórdico Antigo como método de compreensão de diversos idiomas modernos. Pela mesma altura, os Vikings vulgarizaram-se na cultura popular, tendo representações culturais de natureza artística e literária contribuído para fomentar caracterizações garridas, porém equívocas, que ainda hoje associamos aos Vikings.

Na verdade, antes do efetivo descobrimento do sítio arqueológico de L'Anse aux Meadows, e ao longo de um período de mais de cem anos, foram anunciadas diversas descobertas de artefactos vikings na América do Norte. As sagas islandesas eram abundantemente lidas, no século XIX, e os Escandinavos imigrados nos Estados Unidos e no Canadá tinham bem presente a possibilidade de os seus antepassados terem outrora pisado tais regiões. Isto instigou-os, talvez excessivamente, a procurarem por vestígios de colónias nórdicas. Conforme declarou o arqueólogo Thomas McGovern, imensas "provas" reunidas durante o século XIX constituíam, na verdade, "falsificações triviais e ânsias especulativas aparentemente resultantes da necessidade de imigrantes Europeus estabelecerem um passado, política e etnicamente, distinto da complexidade e diversidade cultural dos Ameríndios."

O mais afamado dentre estes achados espúrios é a Pedra Rúnica de Kensington. Alegadamente descoberta no Minnesota por um camponês Sueco-Americano, Olof Ohman, em 1898, porém somente documentada em 1923, esta laje retangular possui inscrições rúnicas em ambas as faces. O conteúdo foi sujeito a várias traduções, embora a mais comummente aceite seja a seguinte: "Oito Gotlandeses e 22 Nórdicos em (esta?) viagem de aquisição desde a Vinlândia rumo ao ocidente distante. Tínhamos um acampamento junto de dois (abrigos?), situado um dia de viagem a norte desta pedra. Certo dia estávamos a pescar. Após regressarmos a casa, deparámos com 10 homens tintos de sangue e mortos. Ave Maria livrai-nos do mal. Perto do mar interior, 10 homens olham pelos nossos barcos, a uma distância de catorze dias de viagem a partir desta península (ou ilha). Ano 1362. "

Embora não seja insensato assumir que os Vikings tenham explorado o interior da América do Norte e alcançado o Minnesota, a proposta subjacente ao conteúdo literário da laje sucumbe perante um exame à própria inscrição. Especialistas em escrita rúnica afirmam que as marcas da gravura parecem recentes, sendo ainda que o idioma em questão não é Nórdico Antigo. Na verdade, trata-se de Sueco do século XIX escrito com recurso a runas, e as modificações que o Nórdico Antigo sofreu ao longo de séculos, nomeadamente ao nível de casos gramaticais e formas plurais, não coincidem com o conteúdo da pedra "descoberta" por Ohman. À época, tal como acontecia com as sagas, os alfabetos rúnicos achavam-se amplamente divulgados e podiam ser encontrados em diversos lares, bibliotecas e escolas Escandinavo-Americanos. Apesar do parecer dos eruditos, alguns habitantes locais e historiadores alternativos acreditam na genuinidade da Pedra Rúnica de Kensington; na verdade, existe inclusivamente um *Runestone Museum* e um *Kensington Runestone Park*[15].

Outro artefacto popular, a Pedra Rúnica de Heavener, foi originalmente documentado em Oklahoma, no ano de 1923, porém os peritos em gravuras rúnicas rejeitam igualmente a sua veracidade. Referem ter sido produzida com recurso ao denominado «*Futhark* antigo», que deixou de ser utilizado pelos Nórdicos durante o século VIII, muito antes das viagens à Vinlândia ou da colonização da Islândia. Eis o seu conteúdo: "GNOMEDAL" (traduzido ora como "*Gnome Valley*"[16], ora como o nome próprio "G. Nomedal").

Duas outras pedras rúnicas de Oklahoma assumem-se igualmente como farsas. A Pedra Rúnica de Poteau foi descoberta em 1967, a dez milhas de distância da Pedra Rúnica de Heavener, com a qual partilha a mesma inscrição, desta feita elaborada numa mistura de *Futhark* recente e antigo. A Pedra Rúnica de Shawnee, supostamente encontrada em 1969, contém uma inscrição em *Futhark* antigo que aparenta ter sido gravada há 15 anos, não há 15 séculos; o estilo não coincide com o de inscrições rúnicas originais, e o seu conteúdo, "Mildok" ou "Mldok", é desprovido de qualquer sentido. Em todo o caso, tal como no que concerne à Pedra Rúnica de Kensington, estas gravuras têm as suas legiões de entusiastas, sendo que também existe um *Heavener Runestone State Park*[17].

Ainda mais ilegítimas são as suposições a respeito da Torre de Newport, em Rhode Island. Tecnicamente descrita como um moinho de vento datado do século XVII, tem atraído inúmeras teses alternativas ao longo dos anos. Alguns acreditam que se tratará de uma igreja nórdica, erigida entre os séculos XI e XIV, embora um documento de 1677 a refira como um moinho de vento, não existindo motivos para colocar em causa a autenticidade desta afirmação. Duas escavações locais desenterraram artefactos datados do século XVII.

De qualquer forma, subsiste uma subcultura de crentes dedicados à busca por inscrições e estruturas escandinavas nos locais mais improváveis. Tal demonstra que, mil anos depois, as viagens medievais empreendidas pelos Nórdicos continuam a capturar a imaginação coletiva, sendo certo que estes bravos exploradores representam um papel de relevo no seio da cultura

---

[15] Respetivamente: *Museu da Pedra Rúnica* e *Parque da Pedra Rúnica de Kensington*. (N. do T.)

[16] Literalmente: Vale do Gnomo. (N. do T.)

[17] Literalmente: *Parque Estatal da Pedra Rúnica de Heavener*. (N. do T.)

norte-americana. Embora certas suposições continuem a ser desacreditadas, seguem as investigações no Ártico e na Costa Leste da América do Norte. Os Vikings podem não ter usado elmos cornudos, consumido bebidas a partir de caveiras, ou sido particularmente selváticos ou mal-arranjados; todavia, na senda das pesquisas históricas e arqueológicas atuais, talvez venhamos a descobrir que os factos e as lendas não são tão diferentes quanto isso.

Recursos Online

Outros livros de História Medieval editados pela Charles River Editors

Outros livros acerca dos Vikings na Amazon

Bibliografia

Brink, Stefan (2008). "Who were the Vikings?". In Brink, Stefan; Price, Neil. The Viking World. Routledge. pp. 4–10. ISBN 978-0415692625.

Brookes, Ian (2004). Chambers concise dictionary. Allied Publishers. ISBN 9788186062364.

D'Amato, Raffaele (2010). The Varangian Guard 988–1453. Osprey Publishing. ISBN 978-1-84908-179-5.

Derry, T.K. (2012). A History of Scandinavia: Norway, Sweden, Denmark, Finland, Iceland. Londres e Minneapolis: University of Minnesota Press. ISBN 978-0-81663-799-7.

Educational Company of Ireland (10 Outubro 2000). Irish-English/English-Irish Easy Reference Dictionary. Roberts Rinehart. ISBN 978-1-4616-6031-6.

Fitzhugh, William W.; Ward, Elisabeth I. (2000). Vikings: The North Atlantic Saga; (an Exhibition at the National Museum of Natural History, Smithsonian Institution, Washington D.C., April 29, 2000 – September 5, 2000). Washington: Smithsonian Institution Press. ISBN 978-1560989707.

Hall, Richard Andrew (2007). The World of the Vikings. Thames & Hudson. ISBN 978-0500051443.

Hall, Richard (Janeiro 1990). Viking Age Archaeology in Britain and Ireland. Shire. ISBN 978-0747800637.

Lindqvist, Thomas (4 Setembro 2003). "Early Political Organisation: (a) An Introductory Survey". In Helle, Knut. The Cambridge History of Scandinavia: Prehistory to 1520. Cambridge University Press. pp. 160–67. ISBN 978-0521472999.

Roesdahl, Else (1998). The Vikings. Penguin Books. ISBN 978-0140252828.

Sawyer, Peter Hayes (1 Fevereiro 1972). Age of the Vikings. Palgrave Macmillan. ISBN 978-0312013653.

Sawyer, Peter, ed. (1997). The Oxford Illustrated History of the Vikings. Oxford, Reino Unido: Oxford University Press. ISBN 0-19-820526-0.

Williams, Gareth (2007). "Kingship, Christianity and coinage: monetary and political perspectives on silver economy in the Viking Age". In Graham-Campbell, James; Williams, Gareth. Silver Economy in the Viking Age. Left Coast Press. pp. 177–214. ISBN 978-1598742220.

Wolf, Kirsten (1 Janeiro 2004). Daily Life of the Vikings. Greenwood Publishing Group. ISBN 978-0-313-32269-3.

Askeberg, Fritz (1944). Norden och kontinenten i gammal tid: studier i forngermansk kulturhistoria. Almqvist & Wiksells boktr.

Downham, Clare (2007). Viking kings of Britain and Ireland: the dynasty of Ívarr to A.D. 1014. Dunedin Academic Press. ISBN 978-1903765890.

Downham, Clare (2011). "Viking Ethnicities. A Historiographic Overview", History Compass 10.1 (2012), pp. 1–12. PDF Academic.edu (registo obrigatório)

Hadley, Dawn (2006). The Vikings in England: Settlement, Society and Culture. Manchester University Press. ISBN 978-0719059827.

Heide, Eldar (2005). "Víking – 'rower shifting'? An etymological contribution". Arkiv för nordisk filologi (PDF). 120. C.W.K. Gleerup. pp. 41–54.

Heide, Eldar (2008). "Viking, week, and Widsith. A reply to Harald Bjorvand". Arkiv för nordisk filologi (PDF). 123. C.W.K. Gleerup. pp. 23–28. Arquivado a partir do original (PDF) em 2008.

Hodges, Richard (2006). Goodbye to the Vikings: Re-Reading Early Medieval Archaeology. Gerald Duckworth & Company Limited. ISBN 978-0715634295.

Svanberg, Fredrik (2003). Decolonizing the Viking Age. Almqvist & Wiksell International. ISBN 978-9122020066.

Wamers, Egon (1985). Insularer Metallschmuck in wikingerzeitlichen Gräbern Nordeuropas. Untersuchungen zur skandinavischen Westexpansion. Neumünster: Karl Wachholtz. ISBN 978-3529011566.

Wamers, Egon (1998). "Insular Finds in Viking Age Scandinavia and the State Formation of Norway". In Clarke, H.B.; Mhaonaigh, M. Ní; Floinn, R. Ó. Ireland and Scandinavia in the Early Viking Age. Dublin: Four Courts Press. pp. 37–72. ISBN 978-1851822355.

Wawn, M.A. (2000). The Vikings and the Victorians: Inventing the Old North in Nineteenth Century Britain. Woodbridge: Boydell and Brewer. ISBN 978-0859916448.

Livros Gratuitos da Charles River Editors

Publicamos quase todos os dias novos títulos disponibilizados gratuitamente. Para pesquisar pelos títulos atualmente gratuitos, clique neste link.

Livros com Desconto da Charles River Editors

Disponibilizamos diariamente títulos ao preço de 0,99 dólares. Para pesquisar pelos títulos atualmente a 0,99 dólares, <u>clique neste link</u>.